山西省哲学社会科学规划课题（课题编号2023YY191）
外研社大学外语教学科研项目（课题编号2022090606）
山西省教育科学“十四五”规划课题（课题编号GH220440）
太原科技大学教学改革创新研究项目（课题编号JGB2024093）

德国高等教育产学研
区域联盟建设研究

张　宇◎著

光明日报出版社

图书在版编目（CIP）数据

德国高等教育产学研区域联盟建设研究 / 张宇著 .
北京：光明日报出版社，2024. 12. -- ISBN 978 - 7
- 5194 - 8171 - 1

Ⅰ. G719. 516. 2

中国国家版本馆 CIP 数据核字第 2024BN5560 号

德国高等教育产学研区域联盟建设研究

DEGUO GAODENG JIAOYU CHANXUEYAN QUYU LIANMENG JIANSHE YANJIU

著　　者：张　宇

责任编辑：李壬杰　　　　责任校对：李　倩　李海慧

封面设计：中联华文　　　　责任印制：曹　净

出版发行：光明日报出版社

地　　址：北京市西城区永安路 106 号，100050

电　　话：010-63169890（咨询），010-63131930（邮购）

传　　真：010-63131930

网　　址：http://book. gmw. cn

E - mail：gmrbcbs@ gmw. cn

法律顾问：北京市兰台律师事务所龚柳方律师

印　　刷：三河市华东印刷有限公司

装　　订：三河市华东印刷有限公司

本书如有破损、缺页、装订错误，请与本社联系调换，电话：010-63131930

开　　本：170mm×240mm

字　　数：183 千字　　　　印　　张：15. 5

版　　次：2025 年 8 月第 1 版　　　　印　　次：2025 年 8 月第 1 次印刷

书　　号：ISBN 978 - 7 - 5194 - 8171 - 1

定　　价：78. 00 元

前　言

为了强化德国高校的国际竞争力、建设国际精英大学，德国联邦教育科研部（Bundesministerium für Bildung und Forschung，简称BMBF）自2006年起实施了两轮（2006—2012年，2012—2017年）卓越计划。与以往的科研资助项目相比，卓越计划以更加广阔的维度和灵活的资助形式著称。该计划资助着眼于三个层面。第一，研究生院：培养杰出的、具有国际视野的跨学科科研后备力量；第二，卓越集群：促进高校内、高校间以及高校与校外机构的合作，建设精英化研究团队；第三，未来构想：推动德国高校特色化发展，建设具有国际影响力的"精英大学"。为了进一步强化科研建设与国际竞争力，2018年起BMBF启动了"卓越战略"建设规划。卓越战略由两部分组成，即所谓的资助线：卓越集群和卓越大学。卓越集群为具有国际竞争力的研究领域提供基于项目的资助，包括跨学科、跨高校或跨机构的研究项目。卓越大学旨在不断强化高校某一学科或学科联盟的深入发展，巩固其依托卓越集群所获得的国际科研尖端位置。

从卓越计划到卓越战略，德国逐步构建了高校、研究机构、社会文化机构、企业等多主体集群化协同发展格局。集群化不仅推动了德国高校内部学科的整合，同时实现了不同机构的合作，特别是集群内的合作伙伴多来自邻近区域，可以充分利用地缘优势，极大地推动区域科研经济能力的整合与发展。因此，德国高等教育集群化建设不仅是高校特色化的重要战略，也是德国区域经济文化发展的内在动力。通过集群化的建设路径，德国目前已形成了以研究集群为基础，以孵化器与加速器为载体，以科研全方位服务为依托，以衍生公司为成果输出的多位一体的产学研协同体系。这种产学研合作模式集聚了大学、科研机构、文化机构、企业等诸多主体协同互动，构建了技术熟化、项目孵化、成果转化的全产学研合作链条，加速了产学研合作推动成果转化的效率，极大地促进了德国区域经济文化的创新发展。

卓越计划与卓越战略的实施，实现了德国高校跨学科研究与结构化培养、集群化建设与联盟化协同创新发展的新路径。集群化建设与区域高校联盟深入发展成为未来德国高校特色化与区域科研经济文化协同发展的核心动力。关注区域高校联盟高水平合作建设和推动跨学科集群研究成为德国高等教育发展的新趋势。

本书以21世纪以来德国高等教育的三大趋势——跨学科研究培养、区域集群化建设和数字化联盟构建为考察对象。研究分为三个阶段。第一阶段为基础研究阶段。重点对研究涉及的概念（跨学科、结构化培养、区域联盟等）进行界定与分析。该研究阶段进行了大量相关德文文献的梳理与整合，形成对德国高校上述趋势内涵的深入理解。第二阶段为案例研究阶段。就德国高等教育发展的三大趋势分别选取典型案例进行分析。跨学科研究与结构化培养层面选取了柏林自由大学语言文学类博士生院（Friedrich Schlegel Graduiertenschule für literaturwissenschaftliche Studien，简称FSGS）和吉森大学文化类博士生院（International Graduate

Center for the Study of culture，简称 GCSC）为例，梳理其跨学科研究特色、研究领域、课程体系与运行管理等，进而分析得出：独立的科研和创新能力、整合学术资源平台、促进跨学科融合、强调学生在各自专业研究领域的纵深发展、学科交叉是德国跨学科结构化培养模式的核心理念。研究的重点为语言文化类博士生的跨学科研究培养实施，语言类与其他人文社科类、语言类与自然科学类跨学科融合的可能性问题。在区域化集群建设层面首先对德国区域高校联盟五大类型——综合性高校联盟、综合性高校与应用技术大学联盟、高校与校外科研机构联盟、创新尖端集群、科学服务社会计划——进行定性考察，接着选取每一类别中的代表性联盟（鲁尔高校联盟、中部黑森科研校园、不莱梅高校研究联盟、尖端集群 it's OWL、美因茨科学联盟）进行深入探讨，梳理其建设路径、研究特色、发展趋势等内容，分析其区域化特色，总结得出德国区域高校联盟的共性。本阶段研究不仅有助于研究基础的充实，也为研究的进一步深入架构广阔的社会语境。数字化联盟建构以德国尚在运营且具有全德影响力的两所高校联盟——德国北威州数字高校联盟（Der Digitalen Hochschulen NRW，简称 DH. NRW）与汉堡开放教育线上大学（Hamburg Open Online University，简称 HOOU）为个案对比研究对象。DH. NRW 与 HOOU 是德国建设高品质、数字化、多样化开放教育系统的重要组成部分。通过对其深入剖析，考察其目标导向、管理结构、教学类型以及教学管理等，进而形成了对德国高校区域数字化联盟发展运营模式的认知，同时进一步挖掘其创新性合作的具体机制和手段。第三阶段为整合研究阶段。分析前两个阶段的基础研究与案例对比等相关内容，整合形成德国高等教育跨学科、集群化、数字化特色化发展模式的研究体系。

近年来，在创新驱动发展战略指导下，我国越来越重视区域创新网络建设。国内高等教育产学研合作呈现出合作意识增强、合作项目增多、合作范围扩大的趋势，已逐步形成了从政府层面的顶层设计引领，到高校等层面的多元合作参与，再到社会层面独立机构评估保障的发展格局。因此，如何有效促进国内高等教育产学研合作发展，推动其积极参与国际合作，建立科教融合、产学结合区域一体化创新协同机制意义重大。基于此，德国高校跨学科科研、结构化培养、集群化建设、区域联盟协同发展的相关经验可为本土实践的整体推进提供一定借鉴。其理论实践价值体现为：

（1）通过对德国研究生跨学科结构化培养模式的研究与梳理，可以为我国高校研究生培养提供可供借鉴的经验。研究德国相关培养机制的形成、创新性、创新动力，对解决我国当前研究生培养中的问题提供了一定的参照框架。这一实践有利于推动中国研究生教育国际化改革，提升我国高等教育国际影响力，加强高校的社会职能扩展，探索出适合我国实际的研究生培养模式，进而逐步实现我国研究生培养模式的创新。

（2）德国高校区域协同创新集群建设为我国区域创新发展提供了反思借鉴的经验，即通过跨学科创新突破，建设项目型跨学科组织，推动区域集群化网络建设，进而不断提升区域协同创新能力。本研究有助于探索高校引领、多主体互动的区域集群化建设，且符合我国区域创新与发展规律的优化路径与创新网络，进而为我国人才培养、科学研究、技术转化以及产业升级提供借鉴。

目录
CONTENTS

第一章

绪　论

2023年2月德国发布了《研究和创新的未来战略》（Zukunftstrategie Forschung und Innovation，以下简称《战略》），确定了德国未来创新政策的目标、里程碑和优先事项。这一战略为其创新体系升级与优化创造了框架条件，有助于保证德国的国际竞争力。《战略》指出：研究和创新是德国当前和未来繁荣的基础，是进步和机会的源泉。争取技术领先地位、推进研究转移和对技术更加开放是创新政策的3个总体目标。① 目前，德国区域协同创新呈现出以下3种趋势：1. 从政策引导看，强调依托高校集群式、跨学科研究；2. 从高校的发展趋势看，除了与企业合作，不同类型高校之间、与研究院之间的突破性合作研究日益增多；3. 从未来区域创新需求看，凸显研究型大学与创业型大学的引领作用，不同类型高校在区域语境内形成了多主体互动、充分发挥政府及第三方机构促进作用的区域协同创新网络。② 由此可见，高校引领的区域协同创新是德国未来创新战略的主要抓手。21世纪初，德

---

① Bundesministerium für Bildung und Forschung. Zukunftsstrategie Forschung und Innovation [EB/OL]. BMBF，2023-01-06.

② 郑海霞，姚嘉玉．一流大学引导的区域协同创新网络：德国慕尼黑地区的经验与特色[J]．外国教育研究，2021，48（04）：12.

国联邦政府开启了创新战略的布局阶段，采取一系列措施促进高校区域协同创新发展，激励高校、科研院所及产业协同合作，加速前沿技术研发与向社会的转移。从政策方面，德国实施了“卓越计划”（Excellent zinitiative）、“卓越战略”（Excellentstrategie），进而在宏观层面为德国的创新发展提供方向指导，瞄准研究重点，协调优势主题。

第一节　卓越计划

为了强化德国高校的国际竞争力、建设国际精英大学，德国联邦教育科研部（Bundesministerium für Bildung und Forschung）自2006年起实施了两轮（2006—2012，2012—2017）卓越计划。与以往的科研资助项目相比，卓越计划以更加广阔的维度和灵活的资助形式而著称。该计划资助着眼于三个层面：1. 研究生院：培养杰出的、具有国际视野的跨学科科研后备力量；2. 卓越集群：促进高校内、高校间以及高校与校外机构间的合作，建设精英化研究团队；3. 未来构想：推动德国高校特色化发展，建设具有国际影响力的“精英大学”。

一、研究生院

研究生院是促进科研后备力量培养的重要平台，旨在改善科研后备力量培养质量的框架条件，为研究生提供国际最佳的跨专业、跨学科的培养条件，为所有学科以及跨学科结构化研究生培养建立统一标准化的模式。经过20年的实践积累，研究生院已成为德国高校结构化培养模式的主要平台，研究生院模式有助于德国高校走向具有国际竞争力科研型精英大学的特色化发展之路。

截至2012年，德国通过卓越计划一期资助共建立了39所研究生院。自2012年，45所高校的研究生院入选二期资助，5所研究生院从2012年到2014年陆续结束资助。另外1所研究生院于2012年起入选卓越集群，不再接受卓越计划一期资助。共计35所高校的51个研究生院获得了卓越计划的两期资助。多数研究生院均为跨专业构成，由于专业广度不同形成了不同的研究特色。按广义学科分类，研究生院可划分为以下四类：人文社会学（Geistes- und Sozialwissenschaft）、生命科学（Lebenswissenschaft）、自然科学（Naturwissenschaft）与工程学（Ingenieurwissenschaft），其中人文社会学与生命科学受资助项目最多。51所研究生院中的30所均由非单一学科领域构成。2013年德国科学研究促进会（Deutsche Forschungsgemeinschaft，DFG）调研的49所研究生院数据显示：12所（24.5%）研究生院研究主题仅涉及单一学科领域；20所（40.8%）涉及2~3个学科领域；4所（8.2%）涉及6个专业领域；12所（24.5%）涉及8个专业领域；1所（2.0%）涉及9个专业领域。12所单一学科领域的研究生院中8所为人文社科与行为学方向。

表1-1 卓越计划研究生院的学科构成①

	人文社会学	生命科学	自然科学	工程学	交叉学科
两期资助（2006/07—2017）	9	11	6	5	2
一期资助（2006/07—2012/2014）	2	1	2	1	

① Deusche Forschungsgemeinschaft. Die Exzellenzinitiative：Beobachtungen aus der Implementierungsphase［EB/OL］. DFG，2016-05-23.

续表

	人文社会学	生命科学	自然科学	工程学	交叉学科
二期资助（2012—2017）	7	2	2	1	
总计	18（35.3%）	14（27.5%）	10（19.6%）	7（13.7%）	2（3.9%）

从组织形式上来看，研究生院存在的形式主要有以下两种：高校内独立的核心机构或者依据其专业组成方向划归于某一院系之下。上述研究生院中的9所分属两所大学（科隆大学—波恩大学，慕尼黑大学—雷根斯堡大学）。卓越计划资助下的29所高校建立了跨专业的校内机构—研究生院学术委员会。此外，从专业设置层面可将研究生院划分为以下四类：有明确研究主题的研究生院、有广泛研究主题的研究生院、基于某一专业或科研领域的研究生院、高校间的联合研究生院。多数研究生院会选择较为宽泛的研究主题，如柏林自由大学的穆斯林文化与社会研究生院（Muslim Cultures and Societies），耶拿大学的微生物交流研究生院（Mikrobielle Kommunikation）。又或者涵盖多专业或学科领域，如萨尔布吕肯的信息学研究生院（Graduiertenschule für Informatik）以及伍尔茨堡的生命科学研究生院（Graduiertenschule für Lebenswissenschaft）。而某些研究生院聚焦于特殊的研究领域，如：柏林综合肿瘤学（Graduiertenschule für Integrative Onkologie）。该研究生院接受的博士生数量较少（最多30人），其规模和类型更接近DFG的研究小组（Graduiertenkolleg）的性质。

波鸿鲁尔大学研究生院（Ruhr-Universität Research School，RUB）与慕尼黑理工大学研究生院（TUM Graduiertenschule）均为校内跨院系建立的复合型的研究生培养机构。其目标为将校内所有研究生有机地融为一体，以研究问题为导向，实施跨学科培养。目前RUB的3500名研究生均可参与研究生院的全部课程。慕尼黑理工大学研究生院的培养体系实现了以项目为驱动，面向该校所有研究生一体化跨学科培养。柏林理工大学的科学与工程学国际研究生院（International Graduate School of Science and Engineering，IGSSE）同样整合了该校的所有专业。IGSSE 是卓越计划二期资助的特定主题跨学科研究机构，在该机构内每 2~5 名不同专业背景的研究生（包含博士后）组成科研小组进行相关课题研究。

卓越计划内多数研究生院均为跨专业构成，由于专业广度不同形成了不同的研究特色。研究生院为不同专业跨学科交叉特色化发展提供了契机。曼海姆经济社会学研究生院（Graduiertenschule in Wirtschafts-und Sozialwissenschaft）融合了经济学、心理学和社会学。柏林大脑与思维研究生院（Berlin School of Mind and Brain）则包含了神经病学、神经生物学、哲学、心理学与语言学等学科方向，形成了神经学重点研究特色，着力架设人文学与神经学跨学科研究的路径。近年来又逐步引入全新的研究方法（人脑研究、功能），使研究获得了巨大的进展，并通过吸纳新的科研团队（神经哲学、神经经济学、神经人种学）推动了学科的进一步融合。海德堡大学的基础物理学研究生院（Elementarteilchenphysik jenseits des Standardmodels）整合了校内物理学所有理论与实验性分支学科，其研究主要方向为物理学基础研究的当前核心问题。基尔大学的史前与考古学社会中人与环境交互关系研究生院（Transformationsdimension：Mensch-Umwelt-Wechselwirkungen in prähistorischer undarchaischen Gesellschaft）以人文、自然、生命与工程学多学科方向合作下考古学研究为特色，尝试挖掘并理解人类发展与环境的交互关系，并力图总结人类发展的动力与区域和空间的关系。

研究涉及远古史、古代史、古典考古学、古希腊罗马学、历史学、社会学、心理学、地理学、分子生物学、地球信息学、地球物理学、同位素诊断学、古生态学、法医学。

研究生院重视跨学科的质量与知识的产出，从论文的学科融合程度来评价科研后备力量培养的跨学科性，多数研究生院要求博士论文必须跨学科。研究生通过参与院内各种课程与讲座不断强化自身的跨学科能力。跨学科交流为发现问题、辨明研究界限、推动论文进展发挥了极大的作用。研究生院不仅提高了科研人员的素质，同时也提高了其研究论文的质量，并为学科间知识与方法的交流和发展提供了平台。

二、卓越集群

卓越集群是德国高校战略发展、专业规划、强化特色的重要组成部分，亦为科研后备力量创设了杰出的教育与职业成长的环境。卓越集群旨在促进尖端研究，强化高校的国际竞争，建立具有竞争力的科研与教学机构，并逐步强化其科研网络建设。卓越集群第一阶段共资助了37个项目。自2012年，共43个项目入选卓越二期资助。第一阶段的另外6个卓越集群获得了自2012年到2014年的后期资助。共有35所高校的49个集群获得了卓越集群的两期资助，项目涉及科研人员8800人，其中1940名教授，110名助理教授，440名项目组长，1550名博士后，3660名博士，850名其他科研人员，240名客座科学家。

表 1-2 卓越集群的专业领域①

	人文社会学	生命科学	自然科学	工程学
两期资助（2006/07—2017）	5	12	8	6
一期资助（2006/7—2014）	1	0	2	3
二期资助（2012—2017）	1	5	3	3
比例	7（14.3%）	17（34.7%）	13（26.5%）	12（24.5%）

所有的卓越集群都拥有聚焦的科研主题，且该主题均为跨学科课题。17 个生命科学卓越集群项目中 12 个融合了自然科学与工程学领域，其他的 5 个甚至融入了人文科学研究领域。此外，在主题为自然科学的 6 个卓越集群项目的研究过程均涉及大量的生命科学领域研究，2 个项目涉及人文社会学研究。在工程学领域的卓越集群也体现了学科融合的特色：其中 6 个项目涉及自然科学领域，2 个项目涉及人文社会科学领域，1 个项目涉及生命科学领域。人文学科卓越集群同样是跨学科合作的结晶，不同项目在不同角度和不同广度上，均涉及以上三个学科领域。这反映出一方面工程学、自然科学与生命科学研究方法的接近；另一方面，研究课题的产生与发展始终处于学科交叉的过程。从卓越集群的跨专业角度来看（以 DFG14 个专业领域划分为依据），仅 12.2%的卓越集群涉及一个专业领域，38.8%涉及 2~3 个专业领域，34.7%涉及 3~4 个专业领域，12.2%涉及 6~7 个专业领域（卓越战略两期共计资助建设 80 个项目）。

① MICHAEL S，DAGMAR S，ANNE-MARIE S，et al. Die Exzellenzinitiative：Beobachtungen aus der Implementierungsphase [EB/OL]. Deutsche Forschungsgemeinschaft，2016-05-23.

三、未来构想

未来构想通过科研项目建设促进高校尖端科研。入选未来构想的大学被称作精英大学（Eliteuniversität）。2006年起的第一轮申请，先后有两批次九所德国高校入选精英大学，其资助期限为2007—2012年。2011年开始第二轮卓越计划的评选，其资助期限为2012—2017年，总资助额为27亿欧元，共计收到16项精英大学（Zukunftskonzepte）申请计划。2012年6月15日揭晓最终结果，新增5所精英大学，之前入选的9所精英大学中有3所被淘汰，哥廷根大学、弗莱堡大学和卡尔斯鲁厄理工学院三所大学在这次精英大学的评选中被剥夺了精英大学的称号，最终总计11所大学重新被选为精英大学，这11所大学将在未来5年里获得27亿欧元的资助，其中75%的资助由联邦政府承担，25%由各大学所在联邦州支付。德国精英大学的称号不是终身制的，大致上5年即重新评选一次。

表1-3　未来构想入选高校①

慕尼黑大学	2006年入选，2012年再次入选
慕尼黑工业大学	2006年入选，2012年再次入选
亚琛工业大学	2007年入选，2012年再次入选
柏林自由大学	2007年入选，2012年再次入选
海德堡大学	2007年入选，2012年再次入选
康斯坦茨大学	2007年入选，2012年再次入选

① KLAUS W，LUTZ B，FELIX DE M. A. Wie effizient sind Universitäten in Deutschland，deren Zukunftskonzepte im Rahmen der Exzellenzinitiative ausgezeichnet wurden? Ein empirischer Vergleich von Input-und Output-Daten zur Forschung［EB/OL］. Munich Personal RePEc Archive，2020-07-05.

续表

慕尼黑大学	2006年入选，2012年再次入选
德累斯顿工业大学	2012年入选
柏林洪堡大学	2012年入选
不莱梅大学	2012年入选
科隆大学	2012年入选
图宾根大学	2012年入选

建立研究生院、卓越集群、未来构想的竞争迫使高校必须深入剖析自身的优势与弱势，在整个教学、科研与管理体系中调整其发展战略结构。由此触发了德国高校体系的全面改革，即高校不断改善科研基础条件、科研人员的学术生态、科研人员的职业发展规划，不断促进以科研为导向的教学，不断扩展跨学科、跨机构的合作形式。进而使德国高校的科研效率与成果、机构的战略发展力、国际影响力以及科研体系中的功能区分度得到不断强化与提升。近年来，德国高校在不同专业领域的全新科研成果不断涌现、高质量的学术出版物以及大量杰出的科研奖项和奖励层出不穷，科研合作网络不断扩展，合作空间由高校内、高校间逐步走向高校与校外机构，这些均成为见证卓越计划建设的重要成果。

第二节 卓越战略

为了进一步强化科研建设与国际竞争力，2018年起德国高等教育启动了“卓越战略”建设阶段。卓越战略由两部分组成，即所谓的资助线：卓越集群和卓越大学。“卓越集群”为具有国际竞争力的研究领域提供基于项目的资助，包括跨学科、跨高校或跨机构的研究项目。在卓越集群中，来自不同学科和机构的科学家共同致力于一个研究项目、培养年轻科学家并招募顶尖国际人才。拥有卓越集群的大学还可以申请“大学统一费”作为战略附加费，以加强其组织间合作和战略导向。卓越集群和卓越大学的评选遵循科学的评选程序。这些程序由德国研究基金会（DFG）和科学委员会（WR）代表联邦和州政府执行。自2019年1月以来，已资助57个卓越集群，初始期限为7年。2022年11月4日，联邦和州政府在联合科学会议（Gemeinsame Wissenschaftskonferenz，GWK）上决定进一步优化卓越战略。为了加强竞争领域，从第二个资助期开始，每年将为最多70个卓越集群提供5.39亿欧元的资金。2026年起，卓越战略每年将提供总计6.87亿欧元的资金。其中75%的资金来自联邦政府，25%来自卓越集群或卓越大学所在的联邦州。卓越集群的资助期限为7年，优秀项目可继续获得第二个资助期7年，资助额度每7年定期公布一次。在卓越大学资助项目中，2019年11月以来，已有11个资助案例（10所大学和1个网络）获得了卓越战略的资助。

一、卓越集群

德国高等教育集群化经历了卓越计划一期和二期近20年的实践，于2019年1月进入了全新的卓越战略阶段，共有57个联合组建的卓越集群入选并开始实施。卓越集群主要资助高校以及高校联盟的具有国际竞争力的科研项目，德国科研基金会（DFG）负责项目资助的实施与管理。全新组建的卓越集群具有以下五个特点：（1）卓越集群的跨学科性：19%的卓越集群以人文社会科学为主要研究方向，25%以生命科学为主要方向，30%以自然科学为主要方向，26%以工程学为主要方向。57 个卓越集群中 30 个（53%）涉及单一学科方向，14 个（25%）涉及两个学科方向，12 个（21%）涉及三个学科方向，1 个涉及 4 个学科方向（2%）。由此可见，卓越集群的跨学科研究已经不仅仅局限于相关学科的跨越，学科间的融合与协作早已远远打破了传统的文、理与工的界限，工程学与自然科学学科、生命科学以及人文社会学科的深入互动与合作成为常态。例如，社会学中劳动社会学与企业学跨学科研究为工程学研究开辟了新的研究视野；而信息学成为一切学科重要的研究方法与手段；心理学与生命科学的研究领域的交融产生了神经学。这种大融合的研究思路与研究模式一方面不断破除了固有的学科边界，另一方面则进一步开辟了学科融合与产学研融合的新思路。卓越集群为高级别的跨学科研究团体组建和发展架设了广阔的平台。（2）卓越集群的跨院校性：57 个卓越集群中 40 个（70%）卓越集群是由单一高校组建。14 个（25%）卓越集群是由两所高校共建；3 个（5%）卓越集群是由三所高校共建。（3）卓越集群的跨机构性：57 个卓越集群囊括了 147 个相关科研机构。其中 13 所高校在自我院系机构中组建卓越集群。马克斯普朗克研究所（Max Planck Institute）参与了其中 43 个卓越集群，弗劳恩霍夫应用研究促进会（Fraunhofer Gesellschaft）参与了 12 个卓越集群，亥姆霍兹联合会研发中心（Helmholtz Gemeinschaft）参与了 14 个卓越集群，莱布尼茨研究所（Leibniz Gesellschaft）参与了 17 个卓越集群。除此之外，还有 50 所校外科研机构参与相关卓越集群建设，例如，医院、科学学会、博物馆、展览馆、州立科研机构、应用技术大学等。（4）卓越集群的跨区域性，如，巴伐利亚州的维尔茨堡大学与萨克森州的德累斯顿科技大学组建了“量子材料的复杂性与拓扑”卓越集群，汉堡州汉堡大学与石荷州的吕贝克大学组建了“理解书面文物”卓越集群。（5）现实问题导向取代学科问题导向的跨学科合作，通过表 1-4 中卓越集群的名称就可以窥豹一斑。

表 1-4 卓越集群项目①

卓越集群名称	参与的联邦州	申请高校
智能学	柏林	柏林洪堡大学、柏林理工大学
量子信息学中的物质与光	北莱茵威斯特法伦	亚琛工业大学、波恩大学、科隆大学
催化作用中的系统联合	柏林	柏林理工大学
时间社区：全球视野下的文学实践	柏林	柏林自由大学
生产网络	北莱茵-威斯特法伦	亚琛工业大学
能动的物质：空间材料景象	柏林	柏林洪堡大学
心肺学院	黑森	法兰克福大学、吉森大学
老年性疾病的细胞压力回应	北莱茵-威斯特法伦	科隆大学
不平等的政治维度：感知、参与、政策	巴登-符腾堡	康斯坦茨大学
超越奴隶制度与自由：前现代社会的对称依赖性	北莱茵-威斯特法伦	波恩大学
气候，气候变化与社会	汉堡	汉堡大学
明斯特数学：动力学—几何学—结构	北莱茵-威斯特法伦	明斯特大学
MATH +：柏林数学研究中心	柏林	柏林自由大学、柏林洪堡大学、柏林理工大学
豪斯多夫数学中心：基础，模型，应用	北莱茵-威斯特法伦	波恩大学

① Wissenschaftsrat. Empfehlung zu regionalen Kooperationen wissenschaftlicher Einrichtung [M]. Berlin：Drucksache，2018：25.

续表

卓越集群名称	参与的联邦州	申请高校
植物学卓越集群	北莱茵-威斯特法伦	杜塞尔多夫大学、科隆大学
神经疗法—神经性疾病治疗的新视角	柏林	柏林自由大学、柏林洪堡大学
战略性网络人际互动中心	萨克森	德累斯顿大学
非洲的多样性：非洲研究的新建构	巴伐利亚	拜罗伊特大学
自由蓝图的研究	柏林	柏林自由大学
物质的新视角：结构，动力与原子标度的控制	汉堡	汉堡大学
宗教与政治：传统与创新的动力	北莱茵-威斯特法伦	明斯特大学
机器学习：科学的新视角	巴登-符腾堡	图宾根大学
多级生物意象：从分子机器到网络敏感的细胞	下萨克斯	哥廷根大学
生命的物理性—生命物质的动力组织	萨特森	德雷斯顿理工大学
持续性可用植物生产的机器与表象的典型性	北莱茵-威斯特法伦	波恩大学
数据—综合模拟学	巴登-符腾堡	斯图加特大学
海底—尚未研究的地球区域	不莱梅	不莱梅大学
3D 设计材料	巴登-符腾堡	海德堡大学、卡尔斯鲁厄理工学院
e 转换	巴伐利亚	慕尼黑大学、慕尼黑工业大学
高级别侵入者时代的网络安全	北莱茵-威斯特法伦	波鸿大学
起源：从宇宙的起源到第一个生命结构的出现	巴伐利亚	慕尼黑大学、慕尼黑工业大学
慕尼黑量子学与量子技术中心	巴伐利亚	慕尼黑大学、慕尼黑工业大学
群体行为研究小组	巴登-符腾堡	康斯坦茨大学

续表

卓越集群名称	参与的联邦州	申请高校
精密物理学：结构与物质的基础交互关系	莱茵兰-普法尔茨	美因茨大学
基于一体化计算机技术的建筑设计与建造	巴登-符腾堡	斯图加特大学
量子化宇宙	汉堡	汉堡大学

二、卓越大学

卓越大学旨在不断强化高校某一学科或学科联盟的深入发展，巩固其依托卓越集群所获得的国际科研尖端位置。科学委员会（Wissenschaftsrat）负责卓越大学的实施与资助。在第一个资助期（2020—2026 年），每年提供约 1.48 亿欧元用于支持十所卓越大学和卓越网络。在第二个资助期（2027—2033 年），最多将接受 4 个新的资助案例。

表 1-5 卓越大学①

卓越大学	卓越建设理念
亚琛莱茵-韦斯特法伦技术大学	科学与技术融合性跨学科大学：知识、影响与网络
柏林高校联盟	跨越障碍，走向协同一体的研究环境
波恩莱茵弗里德里希-威廉海姆大学	我们投资人—我们促进网络—我们创造影响
德累斯顿理工大学	德累斯顿工业大学 2028—协同与超越
汉堡大学	旗舰大学：可持续未来的创新与合作
海德堡鲁普雷希特-卡尔斯大学	综合研究性大学：从 1386 年走向未来
卡尔斯鲁厄技术学院	亥尔姆霍茨联盟研究性大学：活在变化中

① Bestandaufnahme und Empfehlungen zu Studiengangsbezogenen Kooperationen: Franchise, Validierungs-und Anrechnungsmodelle [EB/OL]. Wissenschaftsrat, 2017-01-20.

续表

卓越大学	卓越建设理念
康斯坦茨大学	康斯坦茨大学：创造性与协同
慕尼黑路德维希-马克斯米利安大学	卓越慕尼黑大学：新的视野
慕尼黑理工大学	创业型大学—慕尼黑理工大学：通过人才、卓越、责任实现创新
图宾根爱尔博哈特-卡尔斯大学	研究—关联—责任：接受新的挑战和全球行动范围

第三节 德国高等教育发展的三大趋势

卓越战略将促进顶尖研究与对高校系统的长期战略投资充分结合起来。通过卓越战略，联邦和州政府加强了顶级大学的科研建设，深化了科学系统中更广泛的网络和合作，提升了德国高校的知名度，进而持续加强德国在国际竞争中的科学地位。从卓越计划到卓越战略，德国逐步构建了高校、研究机构、社会文化机构、企业等多主体集群化协同发展态势。集群化不仅推动德国高校内部学科的整合，同时实现不同机构的合作，特别是集群内的合作伙伴多来自邻近区域，可以充分利用地缘优势，极大地推动区域科研经济能力的整合与发展。因此，德国高等教育集群化建设不仅是高校特色化的重要战略，同时也是德国区域经济文化发展的内在动力。通过集群化的建设路径德国目前已形成了以研究集群为基础，以孵化器与加速器为载体，以科研全方位服务为依托，以衍生公司为成果输出的多位一体的产学研协同体系。这种产学研合作模式集聚了大学、科研机构、文化机构、企业等诸多主体的协同互动，构建了技术熟化、成果转化、项目孵化的全产学研合作链条，提高了产学研合作推动成果转化的效率①，极大地促进了德国区域经济文化的创新发展。

卓越战略的实施实现了德国高校跨学科研究与结构化培养、集群化建设与联盟化协同创新发展的新路径。集群化建设与区域高校联盟深入发展成为未来德国高校特色化与区域科研经济文化协同发展的核心动力。关注区域高校联盟高水平合作建设和推动跨学科集群研究成为德国高等教育发展的新趋势。② 区域高校联盟是指由区域内各高校主体及利益相关者集合在一起的组织。③ 联盟实质上是战略管理思想在高等教育领域的延伸，是成员高校相互借助联盟伙伴资源、社会影响力提升自我，实现资源互补与协作的创新策略。通过联盟促进德国高校校内、校际、校企以及国际合作，实现优质教育科研产业资源的聚集，以及跨学科科研前沿领域的协同研究，推动区域教育、科研、经济一体化发展。

① 傅茜，聂风华．多位一体的创新集群发展模式：德国亚琛工业大学产学研合作模式的研究与启示［J］．中国高校科技，2019（3）：82-84.

② 盛正发，雷鸣强．区域联盟：智能时代新建本科院校战略突围的必然选择［J］．江苏高教，2020（4）：45-50.

③ 郑丽娜．德国理工大学联盟战略管理的实践及启示［J］．现代教育管理，2021（1）：74-85.

第二章

研究基础

第一节　跨学科的界定问题

19 世纪科学认知的迅猛发展以及社会对专业化劳动力的需求加速了学科专业的分化。与此同时，科学与社会的迅速发展催生了跨越学科边界的合作。时至今日这些需求仍然深刻影响着学科与跨学科之间的冲突区。20 世纪末，跨学科合作逐渐成为科学研究的主要范式。跨学科的合作使得越来越多的科研人员离开单一的学科属地，在一个广泛的、流动的网络上，基于特定问题进行临时的组合，或者越来越多的科研人员主动自觉地选择不同学科的方法论、技术和经验，使得科研发展的可能性、不确定性成倍增长。当前，跨学科不仅是传统意义上的学科边界的交叉和渗透，而是更多地体现为方法论的互设以及传统学科基于新的分析维度、新技术或者新的研究问题的重组或融合。①

① 秦琳．德国博士教育的结构化改革研究：知识生产转型的视角［D］．北京：北京大学，2012：36.

一、基于系统论的跨学科界定的第一个层面：学科与学科间性

对跨学科的探讨发端于20世纪70年代，研究源于教研不断增长的跨学科性以及高校现代化发展，尝试挖掘教学与科研中存在的跨学科问题与相关经验。研究的出发点是跨学科的界定问题。1986年德国学者海因里希·帕提（Heinrich Parthey）从学科交叉问题层面界定了跨学科，认为跨学科的“跨”体现了学科间性。因此，为了界定跨学科，首先要解决的是学科间的内部边界问题。

学科是一种复杂的科学系统，该系统的特性表现为排他性、发展性与相对的一致性。首先，学科是在历史发展过程中，通过对科学特定范畴排除而逐渐形成的、区别于其他领域的独立体，因而学科不是与生俱来的。其次，学科是科学内部认知与社会的统一体，会随着时代的发展经历变革，① 如分支学科的划分、学科的进一步细化、新学科的产生；跨学科在学科发展与新的分支学科形成过程中发挥着巨大作用。科学发展史显示：学科常常是在跨学科产生与互动中发展起来。由跨学科引起的学科产生与发展主要涉及以下三种路径：1. 边缘学科：当每个学科在追求专业化的过程中，随着研究问题的不断深化，常常会触及该学科边界，因此学科间的互动成为必需，从而导致新学科或分支学科产生。② 这种边缘学科，例如，物理化学、生物化学、分子生物学等等。2. 集成学科：集成学科产生于不同学科就各自研究成果与

---

① LÜDTKE K. Interdiziplinarität und Wissensentwicklung. Wie Phänomene in Interdisziplinärer Kommunikation Wissenschaftlich Dedeutsam Werden [J]. Journal for General Philosophy of Science, 1995, 26 (1): 93-117.

② KNORR-CETINA K, AMANN K. Image Dissection in Natural Scientific Inquiry [J]. Science Technology & Human Values, 1990, 15 (3): 259-283.

研究理论普及与泛化的跨学科互动中，如控制论。3. 复合研究领域：将研究主题看成一个统一的复合体来分析和处理。往往由不同的学科视角和学科内部研究方法引发，而通过解决问题中的跨学科互动得以产生，例如，粮食问题、健康问题、环境问题等均为复合型研究课题。此外，学科构成围绕着研究领域与研究问题，专注于研究现实的特定层面（同样的研究对象在不同学科中研究视角是不同的），逐渐形成了自身的亚文化，即科研人员拥有区别于其他学科和日常用语独立的学科专业语，应用学科内特定的理论、研究方法与评定标准。理论、方法与专业语是特定学科对特定现实的结构化表达。因此，学科的一致性可以概括为科研人员相对一致的交际语境，必要的学科知识库存，相关的研究问题，解决问题的方式、方法。

鉴于学科内部的一致性，为了清晰划定学科边界，首先需要解决的是区分学科研究对象的定位问题（研究客体的种类、研究方法、研究范式、理论支撑等）。然而，事实上并不存在清晰的学科边界区分标准。人们无法清晰地依据研究客体、研究方法与研究问题来划分学科。为此，德国学者马丁·弗朗茨勒（Martin Fränzle）与阿希姆·达施凯特（Achim Daschkeit）① 提出模糊界定：可以将学科简单地划分为自然学科和社会学科，而涵盖社会科学与自然科学内容的研究为跨学科研究。格利特·劳德尔（Grit Laudel）认为对跨学科的概念界定与区分几乎无法实现。相应地，跨学科研究与学科内部研究的界定是难以统一的。②学科不仅是一种抽象的认知客体，而且是多模态的社会组织（如学院，

① FRÄNZLER M, DASCHKEIT A. Die Generierunginterdisziplinären Wissens in der deutschen Umweltforschung-Anspruch und Wirklchkeit [M]. Kiel: Geographisches Institut, 1997: 53.

② LAUDEL G. Interdisziplinäre Forschungskooperation: Erfolgsbedingungen der Institution "Sonderforschungsbereich" [M]. Berlin: Edition Sigma, 1999: 30.

专业学会，学术期刊，学术会议等)。在实践中跨学科研究几乎呈现为多人（不同学科的研究人员）或多机构的合作态势。因而，对跨学科的界定很少从与内容相关的学科知识、范式、方法入手，而更多地是强调学科间的组织与社会合作层面。其原因在于科研体系与科研组织的学科结构问题是跨学科研究的巨大障碍。在这个意义上，专业与学科存在着巨大的差异。专业的数量远远多于学科。然而，值得注意的是，人们常常将一些相近的专业视为跨学科，如社会学与心理学。它们的差异不仅体现在认知层面，同时存在于组织结构。由此可见，跨学科系统的内部边界低维性、可渗透性以及边界的复杂性，跨学科是学科间性的产物。

二、跨学科界定的第二个层面：多学科与跨学科

既然跨学科体现了学科间性，那么该如何区分跨学科与多学科呢？多学科（Interdisziplinarität）涉及两门以上学科的相互关系。跨学科是一种相关专业背景科研人员发挥各自相应的专业潜力，为达成特定的研究目标，就共同研究内容与研究方法而开展的科学合作形式。跨学科（Transdisziplinarität）是以实践为导向的研究，常常涉及社会问题的解决，科研实践由科研人员与应用者（企业、政治团体等）共同实施。上述定义强调了合作是跨学科的根本特征，研究结果的融合度是其重要的评价标准。尤尔根·米特斯特劳斯（Jürgen Mittelstrausse）认为多学科与跨学科的区别不在于哪些实践者参与了认识的产出和问题的解决，而在于前者不以学科融合为导向，而后者是以学科融合为导向。多学科是一个总概念，而跨学科是通过学科融合而产生的多学

科形式。[①]

尤尔根·考卡（Jürgen Kocka）提出通过项目的研究过程来界定跨学科与多学科。[②] 首先，多学科研究是在项目的研究过程中，由主干学科表述研究问题，确定研究计划，划定参与项目合作对象的特定研究范畴。学科间的互动是点对点的。与此相反，跨学科研究是所有涉及学科在上述项目研究过程中共同发挥同等作用，协调一致的合作过程。其次，在项目解决问题阶段（研究成果阐释阶段），多学科在解决共同问题中采用独立的方法，来自不同学科的研究人员依次各自研究同一问题的不同层面，具体的研究内容是学科内部问题；就合作形式而言是一种松散式合作，较少的主动合作；使用各自学科术语表述研究成果，而研究结果折中性地被累加在一起，因而被称为"拼凑性跨学科"。而跨学科是一种在项目研究合作中总体规划、共同界定问题、共同实施工作、共同验证假设、共同评价的科研工作融合方式，是一种共同交流科研方案与数据，以知识的大融合为核心目标，以问题为导向，有时间限制的科研合作。

图 2-1 清晰地展示了多学科与跨学科研究差异的三个阶段：问题界定阶段、处理问题阶段、解决问题阶段。

正如图 2-1 所展示：多学科与跨学科的根本区别体现在研究过程三个阶段中参与项目不同学科背景科研人员的独立程度。跨学科研究对单个学科的依赖性较小，要求融合性的跨学科视角，需要深入合作以及广泛的协调过程。因此，只有跨学科研究才可以产生融合性的研

① MITTELSTRAUSSE J. Transdisziplinarität – wissenschaftliche Zukunft und institutionelle Wirklichkeit [M]. Konstanz: Konstanz Universität, 2003: 62.
② KOCKA J. Einheit der Welt-Vielheit der Wissenschaft [C] // KOCKA J. Interdisziplinarität: Praxis-Herausforderung-Ideologie, 2002: 49.

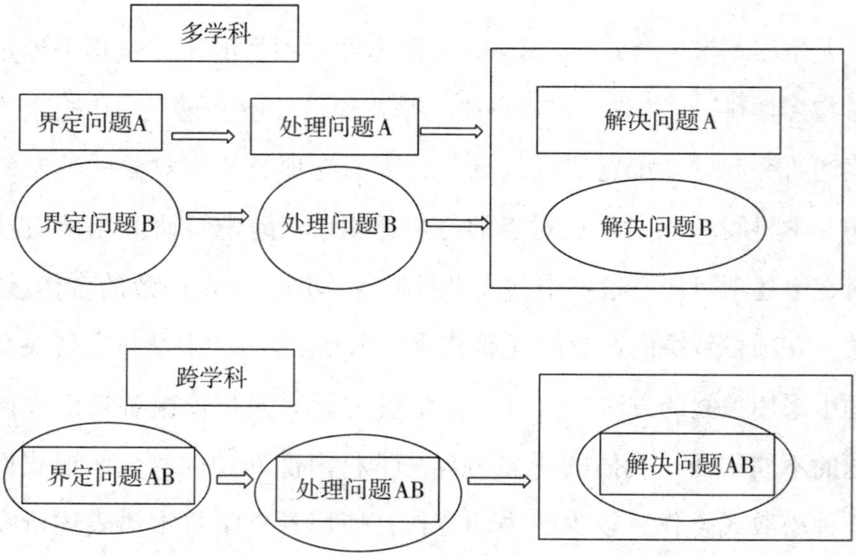

图 2-1　跨学科与多学科的研究差异

究结果。菲利浦·巴尔西格（Philipp Balsiger）指出共同确定的研究目标是跨学科合作的本质特征。[①] 跨学科是就共同确立的研究客体与共同拟定的研究方法进行的一种跨学科合作组织形式。来自不同学科背景的科研人员发挥各自研究潜力致力于共同的研究目标。不同的学科背景因素、评价标准以及交互关系不断强化着这一合作。因而，并不存在广泛适用于一切研究的合作形式，而只能说依据研究目标形成与研究状况相吻合的合作形式。这一定义同样强调了跨学科合作的共同决议与公平对待的特质。

为此，有些专家建议在项目的规划阶段依据跨学科合作原则（项目规划、研究任务分配，确定研究网络，制定研究时间）进行，在项

① BALSIGER P. Begriffsbestimmungen "Ökologie" und "Interdisziplinarität". Bericht zuhanden der Kommission Ökologie/Umweltwissenschaften der Schweizerischen Hochschulkonferenz (SHK) [R]. Bern: Typoskript, 1996: 76.

目实施阶段则采用多学科合作模式（各学科独立研究，强化项目领导层的监督），在成果阶段再次回归跨学科模式（合成学术论文，评价问题不同解决方案的一致性）。

三、跨学科界定的第三个层面：跨学科与融合

融合是跨学科最重要的区分特征，甚至可以将跨学科笼统地概括为跨学科=多学科+融合。跨学科研究涉及两个问题：一是内容对接，二是组织协调，即制定项目实施制度、融合部分科研成果、确定交流过程的安排、拟定科研步骤等。学科层面的融合被视为社会与认知过程。跨学科以客观层面与组织层面的局限性为特征，需要科研人员大量深入交流，因此，跨学科是一个完成科研组织任务的过程。

融合的过程就是获得与协商信息的过程，是将个体信息融入合作的过程，涉及科研的整个过程。马克斯·克劳特（Max Krott）提出了融合的四种形式：通过领导层融合、通过团队融合、通过协商融合以及通过系统分析融合。[①] 通过领导层或领导团队融合是一种较为高效的融合方式，然而对大型科研团队而言则问题突出，因为这一融合类型会将一些非相关的研究成果汇合在一起。团队融合似乎是一种理想的融合类型，然而却需要大量的时间投入，因为该融合需要团队所有成员了解并知晓项目内容与组织的所有层面，因此并不太适合复杂性的项目。通过协商融合以多边参与为前提，不需要所有团队成员参与协商过程，而仅仅由小组代表参与。克劳特认为通过系统分析融合需要一个项目的核心角色，项目需要提供由系统分析产生的结果。这一过

① KROTT M. Management vernetzter Umweltforschung：Wissenschaftspolitisches Lehrstück［M］. Wien：Böhlau，1994：82.

程会降低合作伙伴的参与热情。正如 Krott 所说：融合是一个需要合理安排的组织过程，同时也是选择不同科研方法的内容过程。

系统分析与系统理论是跨学科融合的标准。联邦全球环境变化科学委员会（Wissenschaftlicher Beirat der Bundesregierung Globale Umweltveränderungen，简称 WBGU）指出融合的原则为，1. 分析层面：共同的空间关系、共同的时间关系以及社会文化结构关系；2. 方法层面：研究模型的建构、设备与工具（数据库、算法以及大型设备）的模拟与共同使用；3. 组织层面：跨学科联盟或组织；4. 实施定位层面：参与或评估。[①] 无论是内容层面（分析与方法），还是组织层面均需要深入考察。这里涉及两个问题，其一如何利用现有的各学科知识，其二如何发展出新的观点。因此为了有效地利用各种学科知识，需要设计一种以问题解决为导向的、整合与评价现有研究成果的研究工具。同时还需要提出整合意见与观点。为此，WBGU 建议。寻找系统分析的核心范式，对现有的整合研究观点与研究方法进行理论研究。此外，WBGU 进一步指出一系列的结构更新。

四、跨学科界定的第四个层面：跨学科与合作

瑞士科研学会会议在界定跨学科时，重点指出了跨学科对合作的依附关系：跨学科是通过多个学科合作来共同规划与共同实施科研项目的过程。共同界定、共同规划、广泛吸收其他学科的研究结果，最终将形成共同的研究成果。[②]

---

① UMWELTVERÄNDERVNGEN W B G. Welt im Wandel：Herausforderung für diedeutsche Wissenschaft [M]. Berlin：Springer-Verlag，1996：37.

② BALSIGER P W. Transdisziplinarität：Systematisch - vergleichende Untersuchung Disziplinübergreifender Wissenschaftspraxis [M]. München：Fink，2005：13.

跨学科研究可以被理解为团队合作的过程与结果，参与研究的人员需要对研究的问题界定、研究过程以及研究成果达成一致，因此“一致性”是判定跨学科科研合作研究成果的重要标准。格利特·劳德尔（Grit Laudel）基于研究实践提出了跨学科科研合作的四种形式：1. 对称式参与合作；2. 简单的、非对称式合作，即服务合作；3. 设备服务式合作；4. Know-How 转化合作。[①] 对称式合作成员参与研究过程的整个阶段。所有的研究参与者追求共同的研究目标，产生有创造性的研究成果。该描述符合菲利浦·巴尔西格（Philipp Balsiger）对跨学科合作的界定。非对称式合作局限于研究过程中的个别阶段。某一合作伙伴作为项目的服务者，不对研究客体的表述与阐释产生任何影响。他们没有独立的研究目标，仅仅为了满足项目中其他研究者的兴趣和需要而提供相应服务。因而非对称式合作是一种包含不同研究目标、独立研究过程的互动行为。如果将研究过程从功能上划分为不同的任务阶段，则存在一定的参与合作。这一合作形式需要协调并以合作目标的一致性为前提。如果合作者仅仅通过日常工作来支持研究目标，则被视为服务型合作，例如，为合作者提供技术支持即设备服务式合作。将现有的知识储备传递给合作者为 Know-How 转化合作。格利特·劳德尔（Grit Laudel）等认为仅有对称式参与合作才可以真正实现共同的研究过程，最大限度地发挥团队成员的创造性，完成所有参与者的研究目标，产生有创造性的成果。

---

① LAUDEL G. Konzepte und empirische Befunde zur Interdisziplinarität: Über eine Möglichkeiten für die Wissenschaftssoziologie, an Arbeiten von Heinrich Parthey anzuschließen, In: Umstätter, Walter, Wessel, Karl-Friedrich (Hrsg.): Interdisziplinarität-Herausforderung und Resultat [M]. Bielefeld: Kleine-Verlag, 1999: 19.

第二节　跨学科合作的系统分析

一、跨学科合作与挑战

跨学科合作是科研合作的特殊形式，是一种在学科合作中验证新知识有效性和认可度的方法和类型。跨学科合作是不同学科的专业人员基于特定研究问题而进行的合作路径建构，是影响科研生产力效能的重要维度，跨学科合作过程中隐性知识共享与创新思维碰撞是知识创新的重要动力，在很大程度上影响着创新驱动发展策略的深入开展。[①] 然而，跨学科合作形成却不是一蹴而就的，其面临的主要挑战有：第一，跨越学科间不同的术语表达。第二，寻找共性的研究层面。第三，项目研究目标的确定。第四，科研团队成员不同的研究起点、研究意愿与研究能力，跨学科合作涉及的人员是否愿意进行跨学科合作？他们是否具备相应的跨学科认知能力？第五，形成研究团队。内容上的分歧或者组织机构形式是否会阻碍研究的跨学科性？第六，跨学科成果的发表与认定，一方面跨学科成果较难出版（跨学科期刊贫乏），另一方面跨学科项目中的合作成果更多的是共同发表。因此，缺乏相应的激励机制与适当的组织机构是跨学科合作的重要障碍。这些均为社会层面的阻碍。20 世纪 70 年代以来，学者们不断尝试从宏观和微观层面探讨跨学科合作效能产出的影响因素。迪特尔·布拉斯卡

① 陈艾华，吴伟. 大学跨学科科研合作与科研生产力的关系研究综述与展望［J］. 重庆高教研究，2023，11（5）. 105-106.

(Dieter Blaschke) 认为跨学科高效合作建构首先主要需要解决好四个层面的问题，即研究问题、研究理论、研究方法以及研究团队。

表 2-1　迪特尔·布拉斯卡 (Dieter Blaschke) 提出的跨学科合作产出的影响因素①

研究问题	1. 聚焦于清晰界定的问题
	2. 通过问题来对研究问题进行界定
	3. 开放式的问题表述（所有学科均对问题解决做出贡献）
	4. 通过多学科合作处理问题激发研究潜力
研究理论	5. 接受统一的跨学科理论
	6. 对共同研究规划达成一致
	7. 对操作性定义达成一致
研究方法论	8. 将所有学科的研究方法均纳入考虑范畴
	9. 对方法、程序与变量均达成一致
研究团队	10. 为实现研究目标，依据能力招募相关研究人员
	11. 学科代表影响的平等性
	12. 不受学科归属制约，接受统一领导
	13. 角色的灵活性
	14. 形成共同使用的语言
	15. 团队成员间自由的信息交换与定期、非定期交流
	16. 自由交流想法、建议与数据
	17. 相互不断学习与传授
	18. 以问题为导向而不是以学科为导向的研究思路与行为
	19. 微弱的团队外部控制
	20. 个人的意愿、研究方法、研究兴趣服务于整个项目目标
	21. 以团队名义发表研究成果，制定合理的激励机制

① BLASCHKE D. Probleme interdisziplinärer Forschung [M]. Frankfurt: Springer Verlag, 1976: 53.

二、跨学科合作的类型

赵晓春将跨学科合作划分为：第一，移植融合型研究。将某一学科的概念、原理、方法或技术移植融入另外一门学科，解决该领域的复杂型问题，不涉及合作行为。第二，合作型研究。是两门以上学科的科研人员合作进行研究的一种形式。第三，目标需求型研究。通过调动不同学科研究力量集中解决一个有目标的、社会需求迫切的社会问题的合作研究形式。[①] 曾粤亮、司莉提出了跨学科科研合作的三大类型：个体需求驱动的合作、科研项目联结的团队合作、跨学科研究实体的组织合作，并指出在当前大数据研究和大科学研究为特点的学术生态中，以科研项目联结的合作和跨学科研究实体组织的合作更适应复杂科学研究趋势和社会发展需求。[②] 虽然跨学科科研合作可以采用多种形式，但是跨学科研究中心是促进跨学科科研合作最显著的手段，它能够提供合作空间、专门用于研究的资金，并且聚焦于特定领域[③]，即通过共同规划与决议制订研究目标，达成理论、方法与途径的一致。

① 赵晓春．现代科学跨学科研究的模式探析［J］．中国科技论坛，2008（11）：89-92.

② 曾粤亮，司莉．跨学科科研合作：背景、理论研究与实践进展［J］．图书情报工作，2021，65（10）：127-140.

③ 曾粤亮，司莉．跨学科科研合作：背景、理论研究与实践进展［J］．图书情报工作，2021，65（10）：127-140.

三、跨学科合作系统模型

跨学科合作系统模型由四大要素构成：团队的合作行为（Kooperationsverhalten in der Gruppe，IK）、合作者（Akteurebene，A）、合作的框架条件（Rahmenbedingungen der Kooperation，R）、团队合作成果（Gruppenergebnissen，E）。

（一）参与者层面

参与者是跨学科合作最重要的影响因素。从理论层面这里区分三方面：第一，参与者的合作意愿与合作能力。合作者通过合作可以获得物质和非物质利益是进行合作行为的前提条件。研究者被认为是合作研究的理性参与者，因为他们相互承诺利益。通过合作达成用户期待。合作出发点构成合作的期待利益（如物质资源、期待与名誉）。合作的利益并不局限于研究目标，而满足兴趣是进行合作的最大利益。因此，参与者较之合作者有着更高的利益期待。施蒂希维·鲁道夫（Stichweh Rudolf）认为并不是科学的认知结构而是研究机构的组织形式影响了应用性研究。成员的动机对研究的产出意义重大。[①] 第二，用户对合作的期望与认可是影响合作意愿的核心因素。社会心理学对以任务为导向的团队合作的研究证实了社会因素对研究成果的意义，对个体成就的认可有助于发挥团队合作的积极性。对个体能力和成绩的认

---

① RUDOLF S. Wissenschaftliche Akademien aus soziologischer Perspektive. Organi-sierbarkeit und Organisationen im Wissenschaftssystem der Moderne [EB/OL]. Academia，edu，2014-11-06.

可具有巨大的激励效应。第三，合作能力层面：参与者的合作能力分为两个维度。不同于由社会因素决定的合作意愿，合作能力取决于内容因素。学科归属与跨学科合作经验是合作能力重要的影响因素。跨学科研究的经验是参与者合作能力的另一个重要影响因素。跨学科合作经验可以理解为一种个体特定的、促进合作的素质与行为方式的指针。跨学科合作能力并不指与个体与其他学科代表合作的能力。陈艾华、吴伟认为组织目标与战略、信念体系、网络结构、促进合作的行动、跨学科训练、知识技能、专业经验正向调节跨学科合作科研生产力效能，语言差异、认知冲突、评价、过度多样化、职务背景负向调节跨学科科研生产力效能。①

（二）合作的框架条件

合作框架条件既会对合作产出也会对团队成绩产生巨大的影响。合作的核心框架条件包括领导能力与素质、团队的规模、合作伙伴的空间距离以及合作的必要性。

团队的构建与管理构成了跨学科合作的核心框架条件。建构矩阵式跨学科学术组织体系，逐步打破原有学科和学院组织界限，在前沿领域形成跨学科集群，逐步走向无边界跨学科学术组织模式。卡尔-维尔纳·布莱德（Karl-Werner Brand）认为有效的管理是跨学科研究的基本要求。② 在取得合作成果相关的认知过程中，持续、密集、组织良

---

① 陈艾华，吴伟．跨学科合作、政府支持与科研生产力：基于高校人工智能学术组织的实证分析［J］．教育发展研究，2024，44（7）：63-71.

② BRAND K W. Nachhaltige Entwicklung und Transdisziplinarität：Besonderheiten，Probleme und Erfordernisse der Nachhaltigkeitsforschung［M］. Berlin：Analytica V. -G.，2000：103.

好的沟通是跨学科需要解决的第一个问题。陈艾华，吴伟指出团队沟通、团队知识共享、工作冲突协调等团队互动要素在跨学科创新团队伪隐性知识异质性与团队创新绩效两者之间的关系中发挥着显著的正向中介效应，而团队知识共享、团队人际冲突等团队互动要素在跨学科创新团队真隐性知识异质性与团队创新绩效两者之间的关系中发挥着显著的负向中介效应。①

无论任何形式的合作互动的前提均取决于团队的规模。在小型团队中深入地面对面的交流是很容易实现的。然而大型团队的优势在于拥有更加海量的知识储备和更加差异化的学科背景。空间距离同样是跨学科合作框架条件的重要构成部分。大量研究表明近距离合作优于远距离合作。不论团队规模的扩大还是空间距离的延伸都会增加团队社会监督的难度。

（三）跨学科合作的质量与产出

跨学科合作涉及不同的评价标准，不同学科背景的科研人员往往存在差异化的标准，例如，什么是有价值的研究课题，如何对其进行恰当的分析，采取归纳式还是演绎式，等等。在跨学科研究中，评价标准的确定需要学科间的交流与协商。菲尔德·乌尔里克（Felt Ulrike）等认为应依据任务类型划分团队工作。② 因而，在总的研究任务的分解过程中评估：第一，跨学科合作效果。跨学科合作应该产生知

---

① 陈艾华，吴伟．跨学科合作、政府支持与科研生产力：基于高校人工智能学术组织的实证分析［J］．教育发展研究，2024，44（7）：63-71.

② ULRIKE F，NOWOTNY H，TSCHWER K. Wissenschaftsforschung. Eine Einführung［M］. Frankfurt：Campus Verlag，1995：12.

识的增值、生成整体化的认知、将复杂的事物进行广泛的研究。跨学科研究应该深化对问题的理解，提高解决问题的能力。第二，科研团队成果的评估。科研团队成果与产出可以通过一系列产出指标进行考察，例如，优质科研专著的数量、专利数量、科研论文数量、引用量、获得的第三方资助额度、评估与评价等。传统的评估标准无法对跨学科成果以及成果应用进行恰当的考量。一方面缺乏实际的方法，在实践中迫切需要测量与鉴定科研机构非科研成果的协议与操作模式。[①] 另一方面基础的理论问题尚未解决。

（四）团队成果

影响团队合作成就最根本的因素是成果的融合。融合问题是跨学科合作核心方法论层面的挑战，是跨学科合作成果的评价标准。菲尔德·乌尔里克（Felt Ulrike）等认为语言与思维世界的差异是跨学科合作的重要障碍。因此，构建共同的研究语言与研究基础本身就是跨学科合作的重要成果。[②] 评估跨学科沟通过程亦是团队成就的重要层面。跨学科合作成就可以划分为团队成就、个体成就、分项目成就。如图2-2所示。

---

① MARTINA R, DAGMAR S, MARTIN L, et al. Interdisziplinieren. Erfolgsbedingen von Forschungskooperationen [J]. Kölner Zeitschrift für Soziologie und Sozialpsychologie, 2005 (16): 9.

② ULRIKE F, NOWOTNY H, TSCHWER K. Wissenschaftsforschung. Eine Einführung [M]. Frankfurt: Campus Verlag, 1995: 20.

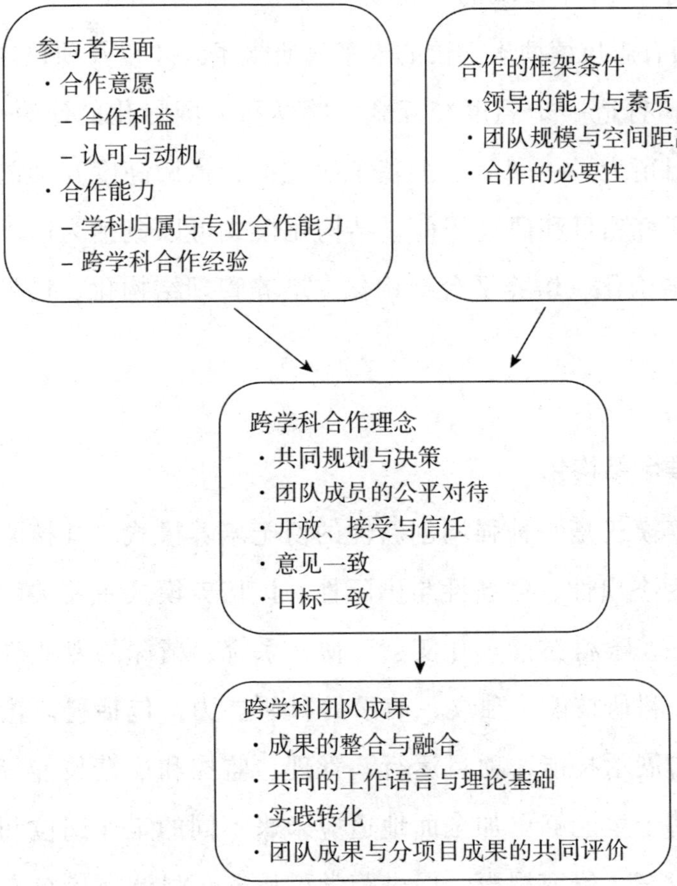

图 2–2 跨学科合作理论模型

第三节 结构化培养的内涵

作为现代博士培养教育的开端，德国博士生培养模式历经了师徒式培养模式和结构化培养模式的改革。结构化培养模式（strukturiertes Promovieren）是以培养学生独立的科研创新能力，促进跨学科培养，强调学生在跨学科研究领域的纵深交叉发展为根本出发点的培养体系。[①] 该模式为有志攻读博士学位的未来科研学术人才以及项目内的科研人员（导师）打造一个高度交互式、跨学科、国际化的研究平台。针对不同的项目衍生了一个又一个基于研究的、强调高度互动的跨学科研究范式的研究项目和研究团体。结构化模式可以概括为以下四层面：培养理念结构化、培养平台结构化、培养管理结构化、培养课程结构化。

一、培养理念结构化

结构化培养模式是一种强调创新性的博士培养模式。其核心理念可以简单概括为杰出性、创新性与国际性。该培养模式主要关注以下六个层面：第一，学科技能。扎实、广博、系统、精深的专业理论基础素养；第二，科研技能。独立、前沿的科研能力。包括科研论文的写作技能、报告展示技能、项目运行、管理、监控和反馈技能等。结构化的培养使博士生能够更加全面地适应未来不同的工作岗位和科研项目的需要；第三，研究视野。促进跨学科培养，强调在各自专业研究领域的纵深发展，不同学科交叉发展，鼓励多样化的学术氛围；重视科研方法的训练，突出科研视角的融合与挖掘；第四，研究导向。创新性是一切研究的出发点和终结点。强调在国际交往语境中研究层面、研究方法、研究视角、研究应用的创新性开发和拓展；第五，研究应用。着眼于人才的适应性和实用性，人才培养过程的实践导向，

① REINHART A, BREITKOPF J, GRANDERATH S. Entwicklung der Programmvariante Internationale Graduiertenkollegs: Entscheidungen und Eckdaten 1997 – 2012. Internets DFG Dokumenter Arbeitsgruppe Evaluation Internationale Graduiertenkollegs [C]. Bonn: DFG, 2013: 83.

始终与企业、与社会、与应用紧密联系；第六，研究协作。注重个人科研能力以及团队合作能力的培养。

因而，培养学生独立的科研和创新能力、整合学术资源平台、促进跨学科培养、强调学生在跨学科研究领域的纵深交叉发展是德国博士结构化培养模式的基本出发点。①

二、培养平台结构化

结构化博士培养模式依托的培养平台是研究生院（Graduiertenkolleg, GRK）与国际联合培养研究生院（Internationale Graduiertenkollegs, IGK）。研究生院是经德国科学研究会（DFG）批准设立的、培养科研创新且具有国际竞争力的应用后备力量的高等教育学术组织，是一种非长期性的组织机构。设立研究生院需由高校直接向 DFG 提出申请。经过相关评议以及复审程序后获得批准方可设立，并接受 DFG 为期 4.5 年或 9 年的资助。4.5 年期满后需进行评估以决定是否进行第二阶段的资助。资助期满后，无论科研成果与进一步研究的可能性如何，该研究生院必须撤销。如需进一步研究相关项目课题，则必须重新构建新的交叉领域和寻找新的合作伙伴，以利于多学科创新人才的进一步培养。因而，结构化培养模式是一种跨学科研究组织模式。在跨学科研究组织模式下如何克服人与人、专业与专业、文化与文化之间的障碍是建立跨学科科研模式无法回避的问题。②

GRK 与 IGK 具体做法是聚焦特定科研领域以及结构化的培养理念，

① Deutsche Forschungsgemeinschaft. Publikationsstrategien im Wandel? Ergebnisse einer Umfrage zum Publikations - und Rezeptionsverhalten unter besonderer Berücksichtigung [EB/OL]. DFG, 2018-02-20.

② 陈正. 德国博士生创新能力培养模式探析 [J]. 高等教育管理, 2012, 6 (1): 53-57.

推动跨专业、跨学科的交叉性研究。由德国某一高校或者科研单位牵头，境外合作单位（机构）参与组建。其组织原则是相关交叉学科共同组建，即由来自多所大学或科研机构的相近相关学科的 10~15 名教授和 15~25 名博士围绕一个或几个相关课题而设立。每个研究生院至多由 30 名博士构成，其中一半（10~15 名）是由该研究生院直接资助。每个研究生院都与一个跨专业的大课题直接相关。国内外双方博士生共同致力于该研究课题。因此，结构化培养项目实际上形成了一个既松散又紧凑的学术共同体。研究生院是一个拥有共同愿景、分享集体智慧、开放性的学术共同体。在这一平台中，所有的科研人员接受跨学科、跨专业、跨区域的科研训练，挖掘独特、创新的科学视角，经历差异化、多元化文化的熏陶，孵化出具有划时代意义的思想和科学研究成果。

三、培养管理结构化

早期的德国大学博士生培养模式是一种类似于中世纪行会组织中的师徒制，具有很强的手工作坊式的前工业化时代特征。在引入结构化博士培养模式之前，博士生导师被称为“Doktorvater”，这种称谓本身就体现了师生之间如父子般的亲密关系。这种师徒关系在强调科学研究的基础上，注重人品和个人修养的衣钵相传以及父子森严的学术等级。① 经历了结构化培养模式的变革，导师的职能发生了变化，随之身份也发生了改变，其称谓也变成了“Betreuer”，意为“指导者”。在

① GEYER A，BERGER F，DUDENBOSTEL T，et al. Internationale Graduiertenkollegs：Studie im Auftrag der Deutschen Forschungsgemeinschaft［C］. Wien：Technopolis Forschungs-und Beratungsgesellschaft m. b. H，2014：42.

GRK 与 IGK 模式中，导师和学生是同一课题组内、为完成特定项目课题的伙伴和合作者关系。传统的一对一师徒式培养模式被颠覆，取而代之的是结构化的多对一合作指导培养模式。

结构化模式的培养管理表现为多导师制、论文指导的机构化（论文咨询委员会）、培养主体多元化（注重企业、政府、个人团体、研究所的联合培养）、双向选择、项目牵引课题研究、项目的动态监控与评估、实验设备的多元共享、培养资助多元化。

（一）多元化的培养主体：注重国内外学术研究团体的联合培养。参与联合培养的主体涵盖高校、应用技术型大学（FH）、研究所（马克斯·普朗克科学促进会、弗劳恩霍夫研究促进会、亥姆霍兹联合会、莱布尼兹科学联合会等）、企业（相关大中型企业，如 Siemens、BASF、Bosch 等）以及政府相关机构。

（二）多元化指导：除了传统博士生培养模式中的导师指导，研究生院还设立了专门的学术论文指导机构：论文咨询委员会。[1] 该委员会的指导教师通过论文指导委员会会议对博士论文的写作进行指导和监督。论文咨询委员会定期举办项目进展评估报告会，帮助项目内博士生及时反馈、反思、修改、调整其研究内容、研究方法。

（三）多导师制：配备同一课题内不同研究方向的博士生导师，共同制订该博士生的培养计划，并且参与该博士生的学习、科研、学术论文撰写和答辩。在慕尼黑工业大学工程技术国际联合培养项目中的博士生需在工业界相关领域选择第二导师（该导师需具备博士学位）。这也就是所谓的第二导师制，即除了学术导师，学生还需选择来自社

① Alle Förderprogramme auf einen Blick. Informationen und Vordruck zu den DFG-Förderprogramm [EB/OL]. Deutsche Forschungsgemeinschaft, 2014-05-16.

会和企业的专家为第二导师，指导其论文以及职业规划。此外，所有的国际联合培养博士生都拥有国外合作机构的导师。因此，结构化培养模式中的导师指导是多元化、多层面的指导。

（四）双向选择制：课题与博士生的双向选择：一方面博士生院会结合前期的学习能力评估和面试表现综合考量来决定是否吸纳该申请人进入本课题博士培养研究计划；另一方面获得资助的博士也有权选择自己感兴趣的子课题。此外双向选择还意味着师生的双向选择：博士生院会向符合入学资格的申请者建议1~2名候选导师，博士生可以接受该建议，也可以自由选择该项目中的其他导师。同样，导师也可自由选择自己心仪指导合作的博士生。

（五）项目牵引课题研究：每一所国际联合培养博士生院都与一个跨专业的大课题相关，在其申请设立之初，德国科学研究会（DFG）都会通过多轮考察审核该课题，以决定是否批准设立该博士生院。只有项目课题存在才能招录博士，招收博士生的教授必须有课题，且课题经费已经落实。因此结构化模式是一种项目课题牵引式的博士培养机制。①

（六）项目的动态监控与评估：1. 定期与不定期的研讨和年度评估：定期参加博士生院组织的课题项目阶段性研讨，轮流通过学术报告展示其项目进展；不定期的学术讨论，形成松散且开放的“学术社区”。年终博士生院的所有成员需参加年度学术会议，每一个子课题负责人需进行项目进展报告，每位参与该课题的博士生必须汇报本年度

---

① Deutsche Forschungsgemeinschaft, Germaan Counicl of Science and Human Fties, Federal. Ministry of Education and Research, et al. Excellence Initiative at a Glance [M]. Bonn: Druchereiuncl Verlag, 2013: 92.

的研究进展和成果。2. 跟踪调查和及时反馈：DFG 会为每个博士生院项目的每位学员建立长期的学生档案。目的是有效、全面地跟踪学员的学习科研、职业发展和生活状况，并将调查跟踪结果及时反馈给高校和教育主管部门，以便对其存在的问题及时做出调整和应对，并为新的博士生院项目的设立提供导向。3. 国际联合培养博士生在读期间均有机会赴合作机构就自身研究课题项目进行学习交流（三分之二的 IGK 博士生会选择合作项目的国外联合培养地作为学术科研目的国）。4. 学术成果发表与认同：德国科学联合会 2018 年对 IGK 的评估显示，近三分之一的 IGK 博士生以联合署名形式出版学术专著（不同学科内部存在差异）。由此可见，IGK 模式下产出的学术成果具有高度的团体协作性。此外，在科研成果评议方面，同行评议制度对学者们的学术成果认同发挥着重大作用。在学术同行评议中学术成果的创新性与实用性、学术行为的端正性、学术评价的客观性争议性都是需要考量的不同层面。同行评议的针对性、科学性和客观性进一步提高博士生培养的科学性与透明度。

（七）开放学术资源，保障学术自由：高校、研究所和企业实现实验设备的多元共享。GRK 与 IGK 的大科学研究模式可以充分发挥院校科研的特点，依托工业部门的设备以及工程方面的优势，使研究人员能够集中精力进行创新性研究，形成学术特色，通过多学科交流，研究解决重大具有长期深远影响的科学技术问题。①

（八）培养资助多元化：GRK 与 IGK 培养模式以 DFG 资助为主要基础，同时积极吸纳其他多渠道的项目资助。依托多元化培养主体的

① 吴文启．德国“大科学”研究模式与博士生培养的科研学术环境［J］．学位与研究生教育，2009（6）：74-77.

IGK 联合培养模式可以有效获得政府相关机构、企业、研究所以及个人团体等合作机构以应用为导向的课题资助，从而保证科研项目的顺利推进。

四、培养课程结构化

结构化课程设置的主要特点是跨学科、跨区域、跨文化；发挥科研人员的集体力量；学术科研培养、个人修养培养与社会能力培养并重。在常规科研技能培养的基础上，结构化培养注重可迁移技能和通用技能的培养。通过加强学院之间、伙伴机构之间的纵深合作，充分利用高校、研究所、企事业单位的资源平台，开设跨学科、跨专业、跨文化的“软技能”课程。[①] 博士生通过多方面的课程训练，不仅扩宽了知识的辐射面，而且提高了其跨专业、跨学科解决问题的能力。结构化课程体系的独特之处在于交叉。这里的交叉不是单纯的知识互补，而是深层面科研基础、科研视角、科研方法的前沿交叉。跨学校、跨国家、跨机构的交叉实现强强联手，优势互补。

（一）梯度渐进式的课程体系

结构化课程设置的梯度体现在以预备课程和基础课程为基础，逐步进入核心深化课程、高级课程和研讨课。在预备课程中往往导入课程的研究基础、科研方法，讨论科学伦理；基础性课程则主要关注博士生必要的基础性科研训练。之后，博士生根据兴趣以及研究方向，进行自由的高阶段选课，不同的选课产生多学科课题小组。论文咨询委员会也会及时向博士生推荐高级课程和相关的研讨课。

---

① 陈正．德国博士生创新能力培养模式探析［J］．高等教育管理，2012，6（1）：53-57.

（二）跨学科、交叉性课程设置

根据课题研究的需求设置交叉学科课程，由交叉学科教授共同讲授；通过跨学科的专题讲座和主题培训来扩展博士生的研究领域，使其对本专业以及其他相关学科有了更深入的理解。交叉性课程设置不仅扩展了博士生科研视野，提高了他们的科学素质，同时还能极大地激发其创新性的研究视角。

（三）丰富、灵活、创新性的课程形式

其中最为常见的形式包含研讨课（Seminar）、专题研讨会（Workshop）、高端对话（Statustreffen）、客座教授讲座（Gastwissenschaftlervortrag）、软技能模块（Soft-Skills-Modulen）等。此外，较为个性化的期刊俱乐部（Journal Clubs）促进科学文献的批判性阅读；DIPP 视野对话（DIPP Vision Talks）讨论开放式问题，以各自研究领域视角预测未来科学发展趋势；研究研讨会（Rsearch Seminars）由国际知名科学家展示其近期研究成果；等等。这些独特的课程形式对激发课题研究视角意义突出。

（四）大力开发国际课程

注重博士生教育质量建设，推进国际课程开发，实现课程国际化。2018 年 DFG 的评估显示：IGK 培养项目中的博士生普遍认为，国际课程会极大地促进自身课题的研究。特别是国外访学期间，合作机构和院校的国际课程，以及国外课题导师的指导对其最终完成博士论文意义重大。

（五）建构多元文化学术对话

在多种文化、多种思想的共同碰撞中形成汇集多文化思维的学术

共同体。通过强大的学术社交网络建设，使博士生可以参与校际、国与国间的多元文化的学术交流，了解专业前沿信息，交流研究心得。

德国高等教育研究生结构化培养项目经历了诞生初期的艰难探索，发展过程中的阶段性调整，目前处于进一步发展的上升期。德国相关教育主管部门与高校均希望通过结构化模式的协同发展与进一步改革来加强德国高等教育在世界范围内的影响力，树立德国教育大国与强国的国际形象。当前形成的共识是结构化博士培养的进一步改革的重点是国际化，高校应该通过相应措施从科研人员职业开始就不断支持其国际化。从专业领域建设、科研项目合作、招聘与就业政策等多角度不断提升其国际化的程度。逐步建立高度交叉的高校、科研机构、应用机构、科研人员、博士生的学术培养与应用的国际化网络。

第四节　区域合作的界定

近年来，空间位置的临近性对高校间以及高校与非高校机构互动合作的意义受到越来越多的认可与关注：区域合作、区域联盟、知识区域、科学区域、区域网络、创新集群、科研基地等术语层出不穷。不同类型高校不断增长的区域合作态势不仅体现了区域环境既是一种机遇空间也是一种责任空间，即一方面高校在区域内可以从不同层面寻求提升自我效能的合作机会，区域为科研人员、科研机构以及经济社会领域参与者提供了全面高效实现个人与机构目标的机遇；另一方面高校也承担了对接区域创新企业的角色，推动提升了区域的吸引力与经济效能，进而从战略高度层面促进成员机构的特色化发展与强强联合。

一、区域合作与分工的界定

区域是指各自区位内具有重要意义的环境，其规模、结构以及行动范围可以不断改变。① 在这个意义上，区域的建构取决于其组成的各参与体的目标设定、互动合作。合作是指多个参与者利用群体资源，实现其个体无法完成的共同目标的过程。为了保证目标的完成，确定不同任务阶段的责任是合作的必要前提。如果各参与者仅仅商定各自需要完成的任务，而不涉及共同利用群体内部的资源，那么这种关系被视为劳动分工。德国科学委员会认为不能简单地以空间距离与路程时间来划分区域，而应从建构区域伙伴的互动行为中界定区域，即如果在重要的日常工作流程中需要参与群体的人员直接交流互动，且参与群体共同利用该区域内的基础设施，那么该群体间的互动行为就可以被视为区域合作。② 因此，空间临近性并不是建构区域合作的唯一标准。

基于临近原则形成的合作大致可以划分为空间型临近、知识型临近、组织型临近、社会型临近与文化型临近。③ 从便利交流、合作与创新角度，由空间临近性形成的交互关系有别于知识型、组织型、社会型与文化型的临近交互关系。后四种临近关系的共性在于可以形成参与者之间的信任，从而减少寻找潜力合作伙伴、获取伙伴信息、安排

① Wissenschaftsrat. Empfehlungen zu regionalen Kooperationen wissenschaftlicher Einrichtung [EB/OL]. Wissenschaftsrat, 2018-01-26.

② Wissenschaftsrat. Leitfaden der institutionellen Evalution wissenschaftlicher Einrichtungen [EB/OL]. Wissenschaftsrat, 2022-01-22.

③ BOSCHMA R. Proximity and Innovation: A Critical Assessment [J]. Regional Studie, 2005, 39 (1): 63.

合同、组织建立和维护持久合作关系的投入。而空间临近性的优势在于首先它可以代替其他临近关系。空间临近性与其他临近关系存在不同程度的交集；其次空间临近关系有助于其他临近关系的建立。基于不同组织成员形成的空间临近关系可以产生偶然的会面，进而有利于创造形成其他临近型关系的机遇。此外，空间的临近性可以极大地降低与非科研系统伙伴信任关系建构的程序，例如，在科学交流中，面对面交流可以更加直观地阐释科学内容和研究路径；在咨询中可以从区域视角界定区域存在的具体问题；在应用中定期的人员交流互动可以不断及时修正合作目标设定和奖励机制。

二、区域的意义

空间临近在不断迅猛发展的数字化时代背景下衔接了人际交往的路径、构建了更加广泛的合作网络。一方面区域环境对于基于个体层面形成的合作关系的制度化具有重要意义。大量高校尝试将区域内科研人员的合作关系整合，形成一个具有战略意义的责任基础。在这个意义上，空间的临近性会创造更多的机遇。因此，区域是一种发掘与利用科研合作视角的机遇空间。另一方面高校与校外科研机构作为区域的重要组成部分，积极参与区域发展，发挥其作为区域创新驱动器、区域继续教育实施者、强化区域竞争力的社会合作的引导者角色。在这一层面上，区域是一种责任空间。①

① ROSSLER I, DUONG S, HACHEISTER C D. Welche Mission haben Hochschulen? Third Mission als Leistung der Fachhochschulen für die und mit der Gesellschaft [R]. Gütersloh Gemeinnütziges Centrum für Hochschulentwicklung, 2015: 66.

（一）区域作为机遇空间

由于研究问题不断呈现出的复杂性、激烈的国际竞争以及提升科研效率的要求使高校合作成为必然。尽管合作并不一定发生在区域层面，然而空间的临近性确实在科研联合产出层面具有无可比拟的优势。定期会面、项目进程展示、研讨为项目的开展和延续提供了良好的工作机制。学科内部与外部的碰撞产生了大量的具有突出现实意义的合作学术成果。从科研人员层面而言，他们通过自身活动（专业交流、跨专业交流、申请资助项目）为制度化合作提供了便利的前提条件。合作也为科研人员不断开辟了新的研究主题，进而获得持续的科研资助。不同机构间的合作为科研后备力量的职业发展创设了更加广泛的视角。就高校而言，制度化的合作可以极大地提升其知名度，进而有助于获得更多的资助，吸引更加优质的人才。通过与协会、疾病预防机构和社会机构的合作，高校和科研机构可以成为提升区域生活质量的推动器。在教学层面，通过区域内部的分工合作可以形成多元化的专业方向和课程种类。在科研转化过程中，高校是区域企业对接国际科研发展网络的接口。[①] 由高校衍生的新创企业，特别是那些基于技术转化直接相关的企业，需要依靠与高校科研机构定期交流、利用科研基础设施来推动企业发展。从政治层面而言，区域合作与分工有助于实施当地的教育政策目标与财政政策目标。合作同时有利于形成区域化的发展特色。只有当合作伙伴相互信任并不断开辟不同行动领域的深入合作，从不同层面充分发掘合作潜力，进而形成合作常态，才会降低合作的费用支出，产生良好的合作效益。

---

① Bestandaufnahme und Empfehlungen zu Studiengangsbezogenen Kooperationen: Franchise, Validierungs-und Anrechnungsmodelle [EB/OL]. Wissenschaftsrat, 2017-01-20.

（二）区域作为责任空间

高校与区域环境的关系在过去几十年经历了一系列的变化。20 世纪 80 年代德国大量新建高校的定位发生转变，首先将广泛的民众群体纳入学术化的培养过程，以促进经济欠发达区域的发展与机遇提升，并保持高校职业培养与学术培养多样化的过渡渠道，促进学习者的社会化过程，其次促进知识技术转化，推动区域经济、政治、文化的协同发展。① 高校与社会、与区域逐步走向一体化模式，形成良性双向互动协作关系：高校实现其社会责任，社会推动高校内涵式发展。② 上述定位凸显了德国高校职能活动的扩展，即除了科研、教学、继续教育与完善科学，高校还需承担区域发展责任——第三使命，第三使命赋予高校作为建构区域合作互动的重要角色，互动合作的意义是实现创新，创新不是一个单一线性过程，而是科学、经济与社会多向互动过程的结果。在这个过程中基于区域层面形成的网络合作发挥核心作用，并能够对科研政策与经济政策快速产生影响。高校与区域合作共生导致产学研的结合越来越紧密，研究型大学纷纷开始兴建产学研基地和科技创业园区，基础研究与应用研究之间的界限变得模糊。高校参与区域事务，加强区域合作，构建区域网络，处理区域发展问题，③ 并在此过程中逐步确定自身的发展特色，高校的特色化发展在很大程度上只有通过区域合作才能得以实现。

---

① Empfehlungen zur Weiterentwicklung des Hochschulszstems des Saarlandes [EB/OL]. Wissenschaftsrat, 2017-02-06.

② BENNEWORTH P, CHARLES D, CONWAY C, et al. Characterising Modes of University Engagement with Wider Society [M]. Newcastle upon Tyne: Newcastle University, 2009: 6.

③ Forschungs-und Innovationspolitik der Länder Bundesbericht Forschungs und Innovation 2020 [M]. Bundesministerium für Bildung und Forschung, 2020: 51.

近年来，德国大量高校组建并不断扩展了基于多个职能层面和专业科研领域的高校联盟。独立高校与高校联盟的主要区别在于高校联盟在保证其成员校各自独立身份的同时，拥有明确的目标。高校联盟的优势在于提升科研政策的力度并强调其成员的利益。其组建的动机源于扩展高校的专业多样性与服务多样性。整个联盟以及联盟内各高校的特色化进程必须与区域特色、区域要求紧密结合。一些联盟充分利用上层结构、相关系统与区域特色推动自身特色发展，以区域发展为导向制定制度化战略。

第五节 研究思路、方法与研究意义

一、研究思路

本研究以21世纪以来德国高等教育三大趋势：跨学科研究培养、区域集群化建设和数字化联盟构建为考察对象。研究分为三个阶段。第一阶段为基础研究，重点对研究涉及的概念（跨学科、结构化培养、区域联盟等）进行界定与分析。本研究阶段借助大量相关德文文献的梳理与整合，形成对德国高校上述趋势内涵的深入理解。首先，跨学科的界定主要从学科与学科间性、跨学科与多学科、跨学科与合作以及跨学科与融合四个层面入手，分析了跨学科研究的影响因素与跨学科合作模型。接着引入德国高校跨学科结构化培养概念，从结构化培养模式的内涵架构入手，厘清结构化的四个层面：培养平台结构化、培养管理结构化、培养课程结构化和培养路径结构化。其次就区域合作分工进行界定，探讨了区域作为机遇空间和责任空间的意义范畴，最后引出区域联盟的概念与相关讨论。

第二阶段为案例研究阶段。就德国高等教育发展的三大趋势分别选取典型案例进行分析。跨学科研究与结构化培养层面选取了柏林自由大学语言文学类博士生院（FSGS）和吉森大学文化类博士生院（GCSC）为例，梳理其跨学科研究特色、研究领域、课程体系与运行管理等，进而分析得出独立的科研和创新能力、整合学术资源平台、促进跨学科融合、强调学生在各自专业研究领域的纵深发展、学科交叉是德国跨学科结构化培养模式的核心理念。研究的重点为德国语言文化类博士生的跨学科研究培养实施，语言类与其他人文社科类、语言类与自然科学类跨学科融合的可能性问题。

在区域化集群建设层面首先对德国区域高校联盟五大类型（综合性高校联盟、综合性高校与应用技术大学联盟、高校与校外科研机构联盟、创新尖端集群、科学服务社会计划）进行定性考察，接着选取每一类别中的代表性联盟［鲁尔高校联盟、中部黑森科研校园、不莱梅高校研究联盟、尖端集群 it's OWL（东韦斯特法轮立朋尖端集群）、美因茨科学联盟］深入探讨，梳理其建设路径、研究特色、发展趋势等内容，分析其区域化特色，总结得出德国区域高校联盟的共性。本阶段研究不仅有助于研究基础的充实，同时也为进一步深入研究架构广阔的社会语境。

数字化联盟建构以德国尚在运营且具有全德影响力的两所高校联盟：德国北威州数字高校联盟（Der Digitalen Hochschulen NRW, DH. NRW）与汉堡开放教育线上大学（Hamburg Open Online University, HOOU）为个案对比研究对象。DH. NRW 与 HOOU 是德国建设高品质、数字化、多样化开放教育系统的重要组成部分。通过对其深入剖析，考察其目标导向、管理结构、教学类型以及教学管理等，进而形成了对德国高校区域数字化联盟发展运营模式的认知，同时也进一步挖掘其创新性合作的具体机制和手段。

第三阶段为整合研究。分析前两个阶段的基础研究与案例对比等相关内容，整合形成德国高等教育跨学科、集群化、数字化特色化发展模式的研究体系。

二、研究方法

本研究涉及的主要研究方法：

1. 文献梳理与整合法

研究前期将借助大量相关德文文献的梳理与整合，形成对德国高校跨学科培养、区域合作、联盟化等概念的深入理解。

2. 案例分析研究法

本研究选取德国结构化培养成效突出的研究生院项目（FSGS 与 GCSC）作为案例研究对象，通过对它们的深入剖析和研究，不但可以从宏观上深入了解德国研究生结构化培养模式，而且可以进一步挖掘其对研究生创新能力与跨专业培养的具体机制和手段，以期对德国研究生培养模式的实施形式形成一个生动具体的把握。

3. 对比研究法

通过对德国高校研究生结构化培养 GRK 模式与 IGK 模式对比性分析，借助不同的评价指标进行考察，阐释其共性与差异，进而形成对结构化培养模式相对客观、全面的认知。

4. 定性研究与定量研究相结合

通过量化的方式考察尚在运行且具有全德示范效应的德国高校数字化联盟——德国北威州数字高校联盟、汉堡开放在线大学联盟，对其相关质量建设系统化指标进行定性分析，进而归纳出德国区域高校在线教学联盟质量保障标准与措施。

5. 归纳分析法

对前期整合的案例和数据进行归纳，整合和分析德国跨学科结构化模式、区域集群化建设与数字化联盟建构改革的实施以及反馈，梳理其高等教育的特色化发展路径，挖掘其创新人才培养与区域协同一体化建设机制。

三、研究意义

21 世纪以来，在创新驱动发展战略指导下，我国越来越重视区域创新网络建设。在区域创新中，创新主体及其运行得到较多重视，然而多以政府与企业为主，高校在区域创新网络中发挥的作用较为有限。主体参与信息流动不足，学校、企业、政府及各类中介组织联系渠道单一。近年来，国内高等教育产学研合作呈现出合作意识增强、项目增多、范围扩大的趋势，已逐步形成了从政府层面的顶层设计引领，到高校等层面的多元合作参与，再到社会层面独立机构评估保障的发展局面。因此，如何有效促进国内高等教育产学研合作发展、推动其积极参与国际合作、建立科教融合、产学结合区域一体化创新协同机制意义突出。基于此，德国高校跨学科科研、结构化培养、集群化建设、区域联盟协同发展的相关经验可为本土实践的整体推进提供一定借鉴。其理论实践价值体现为以下两点。

第一，通过对德国研究生跨学科结构化培养模式的研究与梳理，可以为我国高校研究生培养提供可供借鉴的经验，特别是针对当前我国研究生屡遭诟病的创新力培养，研究德国相关培养机制的形成、创新性、创新动力，对解决我国当前研究生培养中的问题提供了一定的参照框架。这一实践有利于推动中国研究生教育国际化改革，提升我国高等教育国际影响力，加强高校的社会职能扩展，探索出适合我国实际的研究生培养模式，进而逐步实现我国研究生培养模式的创新。

第二，德国高校区域协同创新集群建设为我国区域创新发展提供了可供借鉴的经验，即通过跨学科创新突破，建设项目型跨学科组织，推动区域集群化网络建设，进而不断提升区域协同创新能力。本研究有助于探索高校引领，多主体互动，区域集群化建设，且符合我国区域创新与发展规律的优化路径与创新网络，进而为我国人才培养、科学研究、技术转化以及产业升级提供借鉴。

第三章

德国高等教育跨学科结构化培养

第一节　结构化培养的现状

在过去的十年间，全球研究生数量迅速增长。然而在研究生数量急剧膨胀的大趋势下，毕业生的质量不断受到各方质疑。有学者将当前研究生的研究与探索缺乏创新性概括为“四个简单”：简单移植，只是对他人方法的应用和重复；简单解释表面现象，没有深入研究事物发生、发展的内在联系；简单延伸，只是进一步证实他人的工作；简单推理，只是采用一定的实验推理已知结论。

博士生教育是研究生教育的最高层次，博士生的教育质量和数量是衡量一个国家高等教育发达程度和文化科学发展水平及其潜力与前景的一个重要标志。德国博士生的含金量更是受到了全世界的公认。作为现代博士培养教育的开端，德国博士生培养模式改革历经了师徒式培养模式、结构化培养模式。结构化培养模式（strukturiertes Promovieren）是以培养学生独立的科研创新能力，促进跨学科培养，强调学生在跨学科研究领域的纵深交叉发展为根本出发点的培养体系。该模式为有志攻读博士学位的未来科研学术人才以及项目内的科研人员（导师）打造一个高度交互式、跨学科、国际化的研究平台。针对不同的项目衍生了一个又一个基于研究的、强调高度互动的跨学科研究范式的研究项目和研究团体。

德国博士生跨专业结构化培养模式虽然已产生了20余年，然而高速化发展和成熟化运作却是近几年的成果。特别是在德国联邦教育研究部于2006年发起并实施的旨在进一步提高德国高校科研水平与国际竞争力、促进科研后备力量培养、推动高校等学术机构间与科研人员间交流的资助项目——卓越计划和2016年实施的卓越战略改革以来，德国结构化博士培养模式才真正步入了国家政策化支持的轨道。当前，国际学界针对德国博士生结构化培养的研究主要针对培养制度、结构化学术前途、阶段性学业问题等方面，研究成果较为丰富且日趋成熟。而我国国内的该领域研究则重点关注德国博士结构化改革内涵与途径等即时热点，研究取向上偏重于理工科类别的博士生结构化培养，研究主要集中在以下两点。首先，在对德国个别高校的案例研究中，主要涉及自然科学、医学、工程学的相关学科领域。对于德国人文类博士生的结构化培养模式、跨专业融合可能性与实践模式等尚缺乏系统化的研究。其次，在研究方法上，遵循归纳总结的研究方法。研究缺乏前瞻性和系统性，往往为了试图解决中国国内研究生培养的某些问题而研究相应的德国模式，表现为“头疼医头，脚疼医脚”，研究处于被动状态。

第二节 结构化培养 GRK 与 IGK 模式对比性分析

结构化博士培养模式依托的主要培养平台是研究生院与国际联合培养研究生院。其中，研究生院与国际联合培养博士生院分别创立于1990年和1997年，是德国并行的两大主流结构化博士培养模式。从组织管理上来看，它们是一种非长期性的，以培养科研创新且具有国际竞争力的应用后备力量为目标的高等教育学术组织。近十年来，结构化国际联合培养模式发展迅猛。截至2020年，德国共有58所高校申请了博士国际联合培养项目，其中46所高校获得批准。这意味着德国110所（40%）拥有博士学位授予权的高校都设置了国际联合培养项目。近五年结构化国际联合培养项目约占德国全部博士生院项目的五分之一。截至2020年，在德国境内获得博士学位的41%博士毕业生出自IGK培养模式，22%出自GRK模式。

研究表明，近年来德国结构化培养教育改革过程中，呈现出如下鲜明的趋势和特点：招生方式从自由到规范；培养方式从传统到开放；课程设置从自由到强化；修业年限从差别到统一；资助方式从多样到完善；论文与学位授予从松散到具体。[①] GRK与IGK项目是德国博士培养模式结构化改革的产物。结构化培养模式改革的目标是进一步提高德国结构化博士培养模式的质量，推动建设德国高等教育中的精英

① DINCKAL R，DPPER C，MARES D. Selbstmobilisierung der Wissenschaft. Technische Hochschulen im Dritten Reich［M］. Darmstadt：Wissenschaftliche Buchgesellschaft，2009：92.

大学。项目依托德国国内高校，结合国外高校和科研机构共同完成特定的科研项目，与此同时联合培养博士人才。不同的国际联合培养项目鉴于其国内高校与国外合作机构的互补性与融合性方面的差异产生了巨大的“合作效益”。参与该项目的科研人员可以充分利用合作双方的结构、资金以及人力资源。

GRK 与 IGK 模式下的博士生高度评价结构化的培养理念和培养质量，两大模式各自内部成员之间的身份认同以及课题内部的相关性使他们的科研项目可以相互支持。GRK 与 IGK 模式在国际视野、科学威望以及合作网络的建构与强化方面均拥有极大的优势。

一、申请高校

截至 2020 年，德国境内所有拥有博士授予权的 110 所高校均申请并获得批准设立 GRK 或 IGK 项目。其中 98 所高校申请了 GRK 项目，87 所获得批准；58 所高校申请了 IGK 项目，46 所高校获得批准。近 5 年结构化国际联合培养项目约占德国全部博士生院项目的五分之一。从 IGK 项目的院校分布来看，柏林洪堡大学（HUB）与柏林自由大学分别申请并获得批准了 9 个 IGK 项目；吉森大学获得了 6 个 IGK 项目；萨尔大学、马堡大学以及明斯特大学分获 5 个 IGK 项目。与此相对，慕尼黑大学、埃尔朗根—纽伦堡大学以及雷根堡大学的 IGK 项目（特别是在工程技术领域）低于德国高校的平均水平。主要原因在于上述高校发展的战略权衡，他们将改革的重点着眼于德国高校精英计划（Exzellenzinitiative des Bundes und der Länder）。

二、运行项目

1997—2023 年德国共实施了 1128 个 GRK 项目以及 277 个 IGK 项目。截至 2023 年，目前运行中的 GRK 项目 207 个，IGK 项目 40 个。占德国整个结构化博士培养项目的 23%。其中生命科学领域的国际联合培养项目约占整个博士生院项目的 29%，自然科学占 24%，而工程技术科学占 20%，人文社会科学占 19%。特别是在自然科学领域，国际联合培养已成为结构化博士培养模式的主流。尽管无论从项目总量还是分学科项目数量上看，尚在运行中的 IGK 项目明显少于 GRK 项目。然而，通过两种模式项目内分学科横向比较可以发现，GRK 模式在人文社科与工程科学领域优势明显；IGK 模式在自然科学领域以及生命科学领域发展迅猛。详细数据见表 3-1。

表 3-1 目前尚在运行的 GRK 与 IGK 项目

学科	GRK 项目	IGK 项目
人文社会科学	48	8
自然科学	47	16
生命科学	43	12
工程技术科学	29	4

三、资助额度

从资助额度来看，2010—2023 年间，GRK 项目年平均获得 DFG 专项资助为 751，000 欧元，IGK 项目以年平均 764，000 欧元略高于 GRK 项目。值得注意的是，不同项目之间也存在着较大的差异，GRK 项目平均年资助额度在 394，000~1，177，0000 欧元，而 IGK 项目为 314，

000~1，394，000 欧元。可见 IGK 项目的单项资助额度略高于 GRK 项目。DFG 对 GRK 与 IGK 的资助为分段式资助，为期4.5 年或9 年。4.5 年期满后需进行评估以决定是否进行第二阶段的资助。到 2023 年，共有 101 所 IGK 获得资助设立，其中 79 所进一步获得了第二阶段的资助。

从资助学科领域来看，2010—2023 年，除了工程技术科学保留着传统 GRK 模式的优势，所有其他学科领域的 IGK 项目资助均略高于 GRK 项目资助。数据见表 3-2。特别是生命科学领域的 IGK 项目年平均科研资助额度为 GRK 该领域项目的 1.1 倍。人文社科领域以及自然科学领域的 GRK 与 IGK 项目获得的项目资助明显低于其他学科领域。

表 3-2　2010—2023 年度 GRK 与 IKG 项目分学科项目平均资助额度

学科	GRK 项目	IGK 项目
人文社科	616，000	617，000
自然科学	771，000	804，000
生命科学	757，000	840，000
工程技术科学	808，000	954，000

从 IGK 项目资助的高校分布来看，海德堡大学以 22，200，000 欧元绝对的优势位列资助榜首。紧随其后的是柏林自由大学、吉森大学、柏林洪堡大学。值得关注的是，从表 3-3 中 IGK 项目占整个博士生院资助比例来看，吉森大学、不来梅大学、比勒菲尔德大学的 IGK 项目资助明显多于 GRK 项目资助。

表 3-3 DFG 资助的 GRK 与 IGK 项目所在的高校排序以及资助额度分布①

IGK 资助排序	GRK 资助排序	高校	人文社科	生命科学	自然科学	工程技术科学	所有学科	IGK 项目资助占整个博士院项目资助比例
1	4	海德堡大学	4.824	8.650	8.735	0	22.210	36.4%
2	11	柏林自由大学	13.231	3.445	2.033	0	18.708	40.2%
3	21	吉森大学	0	14.634	3.014	0	17.648	53.5%
4	17	明斯特大学	0	3.714	11.303	1.686	16.703	45.8%
5	1	柏林洪堡大学	2.486	7.001	6.733	0	16.221	18.9%
6	28	不来梅大学	0	0	15.749	0	15.749	54.0%
7	30	比勒菲尔德大学	2.976	4.274	7.631	0	14.882	54.4%
8	13	柏林理工大学	5.406	0	8.784	0	14.190	32.6%
9	32	萨尔布吕肯大学	11.682	0	1.685	0	13.367	49.3%
10	8	图宾根大学	0	5.695	7.090	0	12.785	26.6%

四、合作国家

规划之初，GRK 与 IGK 项目只涉及欧洲范围内进行国际联合培养。然而，随着科研发展的需求，该项目快速扩展到非欧洲国家。特别是随着 IGK 项目的国际化趋势的强劲发展，截至 2022 年德国 IGK 项目已经涉及了 30 多个合作国家，欧洲国家有 17 个，荷兰、法国、瑞士位列前三。其中荷兰 15 个项目，法国 13 个，瑞士 7 个，中国 7 个，日本 5 个，印度 2 个，俄罗斯 2 个，韩国 2 个。目前运行中的项目，德国与加拿大、德国与美国的联合培养项目占有决定性的多数，分别为 12 个和 6 个。详细数据见图 3-1。

① Internationale Graduiertenkollegs［EB/OL］. Deutsche Forschungsgemeinschaft，2020-11-03.

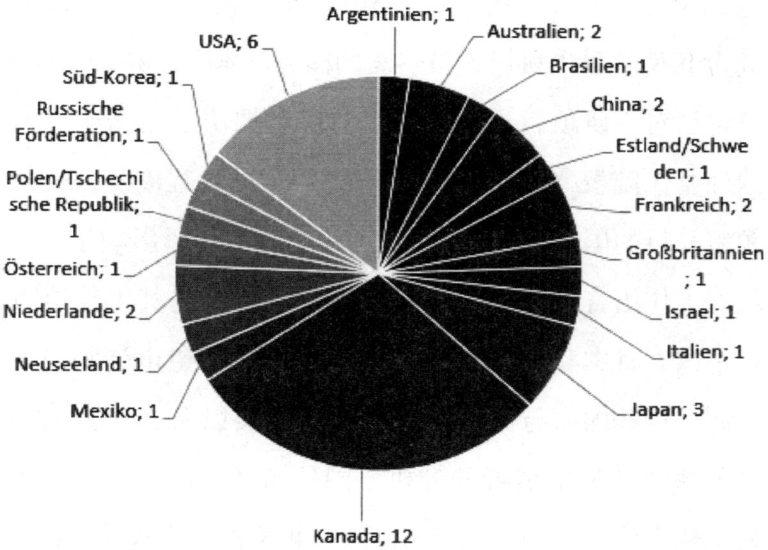

图 3-1 国际联合培养项目的合作国家

五、学术访问目的国

国外访学可以缩短其攻读博士学位的时间，与国外伙伴机构的合作有助于其博士论文项目的开展和延续，为未来职业创设机会，促进其职业发展。

德意志学术交流中心（DAAD）2020 年的数据显示，美国、瑞士和英国是德国 GRK 项目科学家和学者首选的三大学术访问国。美国以绝对的优势成为 GRK 博士生（20%）首选的学术访问目的国，紧随其后的分别是瑞士（9%）、英国（9%）、意大利（8%）、法国（6%）、奥地利（5%）、荷兰（4%）。就 IGK 项目而言，美国依然是 IGK 博士科研人员（13%）的首选国外访问目的国。紧随其后的是中国（12%）、法国（10%）、荷兰（7%）、韩国（7%）、日本（7%），奥地利（4%）、瑞典（3%）、墨西哥（3%）。中国、日本、韩国等亚洲国家逐渐成为IGK项目内科研人员热衷的国外学术交流和研究地。

国外访学对科研项目推进的深度和广度取决于该博士生所在德国高校与国外合作院校（机构）项目研究的互补性程度。以实验为基础的学科领域，目的国语言对GRK与IGK学者的选择影响不大。英语是科研领域的工作语言，国外访学期可以极大地促进其工作语言的进一步发展。中国、日本和韩国的IGK博士生更多期望申请相应的奖学金和职位。此外这些国家与德国在社会经济发展以及文化方面存在巨大差异，成了部分IGK申请者的动机。国外访学期间，博士生更多收获的是新的工作方法和工作方式。61.5%的IGK博士生表示，国外访学的目的主要是从科研视角层面推动自身博士论文课题的进展。56.7%的GRK博士生认为国外访学期间有效改进了其科研工作方式。①

申请IGK国际联合培养的初衷往往都是看中国际联合培养的多元化科学研究培养机制、高校与科研机构的联合培养。IGK模式下高校与校外科研机构保持紧密的合作。大量IGK博士生毕业后会选择进入曾经学习过的科技机构就职。此外，根据DFG 2020年的监控数据，三分之二的IGK博士生会选择合作项目的国外联合培养地作为学术科研目的国。然而，科研机构不仅局限于IGK指定的合作机构。许多博士生鉴于其博士论文项目的相关性，会选择国外的非合作机构进行学术访问。

① Deutsche Forschungsgemeinschaft. Publikationsstrategien im Wandel? Ergebnisse einer Umfrage zum Publikations-und Rezeptionsverhalten unter besonderer Berücksichtigung von opell Access [M]. Weinheim: Wiley, 2005: 76.

六、海外学生数量

DFG 的监控数据显示，截至 2020 年，IGK 项目吸纳海外博士生占整个博士生数量的 29%，而 GRK 海外学生约占 21%。而其中居首位的是中国和印度的博士生，紧随其后的是意大利、俄罗斯、伊朗、奥地利和波兰。IGK 的海外硕士研究生比例为 52%，且他们中 80%来自非欧盟国家。由此可见，IGK 项目提升了德国高校对海外学生的吸引力。

表 3-4 截至 2020 年，尚在攻读博士学位的 GRK 与 IGK 项目内海外学生数量

生源地	GRK 项目海外博士生数量	IGK 项目海外博士生数量
美国	46	58
中国	43	46
法国	35	20
荷兰	34	26
丹麦	18	10
印度	15	21
韩国	14	16
意大利	6	2
奥地利	4	2
日本	7	10

七、国外学习期

国外学术访问期较为灵活，从一年到一年半。与传统的德国博士生院培养模式相比，国际联合培养博士生在国外合作机构中学习科研期存在着明显差异。GRK 模式下的博士生国外访学期普遍在 1~8 周，而 IGK 模式下的博士生的国外访学期则集中在 2~6 个月。以 2020 年的监控数据为例，IGK 模式下的博士生国外访学期大于两个月的比例（17%）是 GRK 模式下（5%）的 3 倍多。

IGK 与 GRK 的突出差异主要表现在博士生的中长期国外学术访问，其中自然科学领域 IGK 是 GRK 的 5 倍，而工程技术科学领域前者是后者的 4 倍。在自然科学领域，IGK 博士生的国外学习科研逗留期是 GRK 博士生的 5 倍；在生命科学和工程技术学领域，IGK 博士生是 GRK 博士生的 4 倍。在人文社会科学领域，IGK 是 GRK 的 2 倍。由此可见，IGK 与 GRK 的国外访学机制存在巨大差异。在生命科学以及工程技术科学领域 IGK 模式的“走出去的策略”发挥着重要作用，强调国内与国外的联合培养；而在人文社会科学领域，以及自然科学领域 GRK 模式下博士生则突出国内学习科研为主，国外学习访问为辅的模式。

八、学术成果发表

定期会面、项目进程展示、项目研讨为博士论文课题的开展和延续提供了良好的工作机制。学科内部的碰撞产生了大量的具有突出现实意义的合作学术成果。据统计，截至 2020 年，Scopus 的统计显示，IGK 模式下署名为两位以上博士生的学术出版物占全部博士生出版物的 32%。GRK 模式下为 28%。在生物学领域中，联合署名的 IGK 博士学术出版物为 36%，较 GRK（31%）模式高出 5%。

与国外合作机构的联合出版物的数量和质量是反映国际合作广度和深度的重要指标。Scoptus 统计还进一步显示出不同学科领域 IGK 项目之间存在较大的差异。特别高产的两个领域集中在化学与生物学领域。在这两个领域，攻读学位期间，13%化学领域的 IGK 项目学术出版物为国际联合署名。获得学位之后的学术出版物的国际联合署名占9%。在生物学领域，在读期间的国际联合署名为4%，获得学位后为5%。

九、GRK 与 IGK 模式的多元价值评价

2019 年 DFG 委托德国 Technopolis 研究咨询协会对 GRK 与 IGK 项目进行评估。评估的目的是量化 GRK 与 IGK 项目的培养质量、国际化程度以及效应，以确定 DFG 对其今后的资助方向与资助力度。评估以与课题组成员访谈为基础，访谈内容涉及个人经历、国内学习评价、国外访学评价、导师评价等诸多层面。此次评估的重点来自项目内博士生、科研人员、高校对两大模式的三方评价。表 3–5 涉及的相关数据源于该评估报告中的调研统计结果。

表 3–5　GRK 与 IGK 项目的三方评价

	GRK 模式	IGK 模式
高校	1. 获得更加优质的科研基础设施和设备 2. 科研经费保障 3. 建立优势学科	1. 扩展了与国外伙伴机构合作的广度与深度 2. 改革了参与该项目高校的博士生培养流程 3. 提升了高校的国际知名度 4. 国际化是高校的核心战略之一。通过国际化可以获得科学、经济以及结构资源，用于不断创新，深化科研成果。德国高校（特别是在德国国内一些国际影响力和知名度较小的高校）将 IGK 作为其提升国际竞争力的一块金字招牌 5. 申请设立 IGK 的高校高度评价该模式对科研团队国际网络化以及形成高校优势重点学科方面的巨大推动作用

续表

	GRK 模式	IGK 模式
博士生	1. 拓宽了自身的视野 2. 学习新的科研方法，掌握新的科研技能 3. 了解了国外的科学文化和社会文化 4. 职业和科研的进一步发展 5. 快速取得科研成果 6. 收获科研工作的乐趣 7. 及时发现现有研究中的问题与缺陷 8. 缩短其攻读博士学位的时间，促进课题项目的发展，加速博士论文的进程	1. 通过与国外合作伙伴机构的学术交流以及学术资源的共享提高了自身的科研质量 2. 了解和深入认知了国外的科学文化和科研体系 3. 习得了跨文化能力 4. 提升了自身在国际科研界的竞争力 5. 国外访学改善了博士生对德国科研条件和科研环境的评价 6. 与 IGK 项目内不同方向博士生以及国外伙伴机构的科研人员的深入交流与合作，可以快速融入国际科研网络体系中，尽早在国际学术会议中崭露头角，并且可以参与到相关课题的大多数国际科研团体中 7. 缩短其攻读博士学位的时间，促进课题项目的发展，加速博士论文的写作进程
科研人员	1. 科研团队协作解决重大问题 2. 改善了科研生活的孤立性 3. 联合发表、出版学术科研成果 4. 建立跨学科的科研协作网络	1. 联合出版学术成果 2. 自身科研领域的跨学科拓展 3. 与国外科学家在交流学习中发现新的研究课题 4. 有效利用国外学术资源，建构互补联合学术科研网络

十、小结

通过上述九项数据的对比，可以得出以下几点结论。

首先，德国目前拥有博士授予权的高校普遍采用了结构化的博士培养体系（GRK 模式或 IGK 模式，或两种模式均有）；结构化的培养理念已经成为德国高校博士生培养模式的主流。

其次，两大模式均有效地改善了高校的学科基础条件；开辟跨领域学科建设；提高了高校的学科竞争力。现有的数据显示：无论从项目的相对比例还是从 DFG 经费资助额度来看，人文社会科学领域 GRK 模式发挥主导作用，生命科学领域 IGK 模式则具有明显优势。

再次，两大模式对有效建立学术科研网络，缩短博士的学习期，拓展其科研视野和研究方法，促进其职业的快速发展均有显著意义。这恰恰反映出德国结构化博士培养模式改革的成功之处。需要指出的是，尽管现有研究数据显示，IGK 模式下部分学科（如化学）科研成果国际协同产出略高于 GRK，但是由于受统计范围的影响，部分在其他国家出版的项目内科研成果并没有纳入现有的统计中，因此，该项对比仍需进一步论证。

最后，通过 GRK 模式与 IGK 模式德国高校国际化程度都得到了提高，具体反映在合作国家、合作项目以及海外学生的数量不断增长上。IGK 模式在吸收保留 GRK 结构化模式的核心机制的基础上，通过更加广泛深入的国际交流合作为项目内的科研人员以及博士生提供了高度国际化的科研与培养平台。较之于 GRK 模式，IGK 模式的意义在于，第一进一步拓展了德国高校与非欧洲国家（中国、韩国、日本等）的合作，吸纳了更多的海外硕博生。第二，从国外学习期限来看，IGK 模式的国际化联合培养趋势更加明显。IGK 博士生赴国外学习期限较之 GRK 在不同专业学科领域均有大幅提升。

因此，IGK 模式的国际化发展程度更加全面深入。通过国际化战略，IGK 模式有效地提高了德国高校和科研机构对国内外博士生的吸引力，为其争取优质的科研人才架设了更加广阔的平台。德国高校已将申请 IGK 项目作为其国际化的重要战略。IGK 模式对提高德国高校的国际知名度，为德国高校开辟海外市场，竞争海外科研项目提供了强大的动力。

结构化博士生培养模式是德国为了培养创新性科研国际学术人才而进行高层次的学术体制改革。改革的初衷是尝试在广阔的科学领域提供最佳的博士培养条件。GRK 模式与 IGK 模式经历了诞生初期的艰难探索，发展过程中的阶段性调整，目前均处于进一步发展的上升期。德国相关教育主管部门与高校均希望通过对这两大模式的协同发展与进一步改革来加强德国高等教育在世界范围内的影响力，树立德国教育大国与强国的国际形象。目前形成的共识是，结构化博士培养的两大模式进一步改革的重点是国际化，高校应该通过相应措施从科研人员职业开始就不断支持其国际化。从专业领域建设、科研项目合作、招聘与就业政策等多角度不断提升其国际化的程度。逐步建立高度交叉的高校、科研机构、应用机构、科研人员、博士生的学术培养与应用的国际化网络。此外，研究生院不断创新合作模式，建立跨机构的研究平台，打通科研人员在高校、企业以及研究机构间的行走边界与障碍，亦为其特色化发展开创了全新的局面。近年来，德国博士培养的结构化改革不断深化，结构化博士培养项目向着更加多元化、国际化、实体化、网络化的趋势发展，并涉及越来越多的参与者。结构化培养模式在不断调整和变革中逐步走向成熟。该模式对促进学科整合和推动前沿科学发展，加速人文学科课程与理工科学科课程相融合，发展跨学科学术组织，深化国际科研合作网络，培养复合应用型人才意义重大，且成果突出。

结构化国际联合培养模式的目标是进一步提高德国结构化博士的培养质量，同时加快德国高校的国际化。不同的国际联合培养项目鉴于其国内高校与国外合作机构的互补性与融合性方面的差异产生了巨大的“合作效益”。参与该项目的科研人员可以充分利用合作双方的结构、资金以及人力资源。联合培养的博士生鉴于课题内部的相关性，他们可以相互促进彼此的科研项目。从国际视野、科学威望以及合作网络的建构与强化方面使得国际联合培养拥有无可比拟的优势。2020年德国科研咨询委员会对国际联合培养模式的评估显示博士生的视角、参与该课题的国内外科学家的视角以及承担该项目高校的视角都获得了国际化的效应。

第三节 德国语言文学类博士生跨学科结构化培养——以柏林自由大学为例

2005年起，德国联邦教育研究部发起并实施了旨在进一步提高德国高校科研水平与国际竞争力、促进科研后备力量培养、推动高校等学术机构间与科研人员间交流的资助项目——卓越计划。其资助主要面向三个层面：未来构想（Zukunftskonzept）、卓越集群（Exzellenzcluster）和研究生院（Graduiertenschule）。经过激烈的评比竞争，柏林自由大学一举入选，成为卓越计划三个层面共同资助建设的11所德国精英高校之一。

一、柏林自由大学卓越计划概况

柏林自由大学的卓越计划项目共包含4个卓越集群、7个研究生院项目、1个未来构想项目。其中3个卓越集群项目分别为神经疗法—神经性疾病治疗的新视角（NeuroCure-Neue Perspektiven in der Therapie neurologischer Erkrankungen 2007—2017）、古文明空间与知识的构成与转化（Topoi-The Formation and Transformation of Space and Knowledge in Ancient Civilization 2007—2017）、催化反应中的一体化设想（UniCat-Unifying Concepts in Catalysis 2007—2017）、情感的语言（Language of

Emotion 2007—2012）。[①]

7个研究生院项目包括：柏林数学研究院（Berlin Mathematical School 2006—2017）、柏林—勃兰登堡新生疗法研究院（Berlin - Brandenburg School of Regenerative Therapies 2007—2017）、穆斯林文化社会研究生院（Berlin Graduate School Muslim Cultures and Societies 2007—2017）、弗里德里希·施雷格尔文学研究生院（Friedrich Schlegel Graduate School of Literary Studies 2007—2017）、北美研究研究生院（Graduate School of North American Studies 2007—2017）、柏林肿瘤学综合研究院（Berlin School of Integrative Oncology 2012—2017）、东亚研究研究生院（Graduate School of East Asien Studies 2012—2017）。

此外，2007年，柏林自由大学以"国际网络大学"（Internationale Netzwerkuniversität）的战略规划入选卓越"未来构想"计划，并在这一计划资助下先后建立了三个战略发展中心：研究战略中心（Center for Research Strategy）、国际合作中心（Center for International Cooperation）、达雷姆研究院（Dahlem Research School）。

目前，柏林自由大学共有12个专业学院，4个核心研究所，11个跨学科研究中心，超过150个专业方向。在基本的学科设置外，自由大学形成了以文学、文化国际比较、国际关系以及区域研究等为中心的跨学科科研特色。[②] 柏林自由大学的科研特色是以项目为核心、全球化跨界合作，[③] 其研究重点通过不同的组织结构来实施，例如，跨

① Wissenschaftsrat. Ergebnis der Sitzung des Biwillgungsausschusses am 15. Juni. 2012 [EB/OL]. WR，2012-06-15.

② 秦琳. 德国博士教育的结构化改革研究：知识生产转型视角 [D]. 北京：北京大学，2012：58.

③ MICHELS C，CONCHI S，FRIETSCH R. 3. Indikatorbericht-Bibliometrische Indikaroren für den PFI Monitoring Bericht 2014 [R]. Karlsruhe，Berlin，Bielefeld：PFI. 2015：15.

专业聚焦（Focus Areas）、精英集群（Exzellenclustern）、特殊研究领域（Sonderforschungsbereich）、研究中心（Forschungszentren）等。在人文社会学科领域，分布在两大学院几十个研究所的学术人员在“伊斯兰文化学”“天主教神学”“古典时期考古学”“艺术史”“闪米特语言与文学研究”“阿拉伯文学”“韩国研究”“土耳其研究”“西亚考古学”“犹太学”“埃及学”“古东方学”“古前考古学”“汉学”“区域学”“日本学”“伊朗学”“历史人类学”“中东社会和文化史”“欧洲语言”“中世纪—文艺复兴—近代早期”等跨学科研究课题下展开合作研究。2007年柏林自由大学建立了“弗里德里希·施雷格尔文学研究院”，这是“卓越计划”中唯一一所文学领域的研究生院。FSGS是德国以结构化模式培养杰出文学博士的权威机构，研究生院的54名教授的专业背景涵盖哲学、历史学（全球史与区域史）、文化学、语言学、文学、艺术学与媒体学六大学科的近20个专业方向。其研究对象为欧洲与非欧洲文本，鼓励不断开创与挖掘独特新颖的文学研究视角，并尝试跨越语言民族与全球化技术的障碍，批判性地研究文本，同时在更加广阔的历史语境中研究文学文化现象。①

二、FSGS博士生相关的数据概况

FSGS博士生开始攻读博士学位平均年龄为29岁，平均毕业年限为3.7年。71%的博士生可以三年毕业。院内整个博士生群体内，41%为男性博士生，59%为女性博士生。35%为国际联合培养博士，65%的博士生为德国本国学生。FSGS每年招收12~15名博士生，其中三分之一

① Statistisches Bundesamt. Promovierende in Deutschland ［R］. Wiesbaden：Statistisches Bundesamt，2016：55.

到一半是国际学生。在国际博士生中，43%的博士生来自英国，26%来自美国，16%来自欧洲，15%来自亚洲。此外，在研究生院的博士后群体中，40%的博士后来自美国，16%来自德国，15%来自英国，9%来自欧洲，5%来自亚洲，剩余15%来自非洲或大洋洲。客座教授中，52%来自美国，15%来自欧洲，12%来自英国，12%来自亚洲，9%来自德国。他们每学期至少要在研究生院教学指导2个月。60%的博士生均有海外学期经历。42%的博士生除了进行海外学期的学习，还会经历海外学术研究考察。每位博士生需要至少参加两次国际会议，举行一次专题报告。

从毕业输出方向看，55%的博士毕业生直接进入德国大学的相关科研部门。16%的毕业生在大学外就职，例如，教育管理部门、媒体与出版部门或企业咨询机构等。13%的毕业生在科研管理部门就职，4%的则在研究生院资助的科研项目中继续研究。

三、FSGS的研究领域

FSGS的研究领域主要聚焦在文本间的关系、文学文本与语言反射过程间的关联、修辞学与诗学、文学与美学的交互关系以及文学与知识话语的相互依存关系等。① 研究对象既不受时间（从古典艺术作品到现代文学），也不受语言（世界文学）的限制。其中，FSGS重点开展文本、媒体与文化以对比性方式进行创新性的反思研究，从历时和共时角度，以比较的方法研究文本性与语言性现象，挖掘文本与意义建构间、社会形成与知识结构的关系。总体来看，其研究主要涵盖以下

① Bericht der Gemeinsamen Kommission zur Exzellenzinitiative an die Gemeinsame Wissenschaftskonferenz [EB/OL]. Deutsche Forschungsgemeinschaft, 2015-08-01.

五大领域。

（一）文学作为文本实践

该研究领域的核心任务是以比较的方法与视角继续发展文论的相关论点，挖掘文本的阐释过程，历史重构并系统性鉴定文学作品的核心概念。FSGS 的研究经过十多年的理论发展和深入的方法论讨论，当前其文学研究具有方法多元化的实用主义特点。在文论研讨课中，主要考察当前文学理论的一致性、隐含前提、阐释内容的作用范围等。就博士论文的选题看，主要有以下两个角度：其中一部分博士论文关注上述基础研究领域，尝试验证特定文论观点的阐释可能性。另外一些项目论文则关注新文论的描述方法与哲学前提，尝试发展文论观点，借助文学作品验证文论观点。

互文性研究，是该研究领域的另一重要方向。去目的论与非目的性研究文本的内部关联性、话语模式的重构、文本模式的解构与异化、文本的讽刺形式、元文本的核心内容、文学反思的形式等。互文性研究促进了民族文学间以及文化学与文学间的对话。在历史的视角下，关注文本与其他媒体的动态关系。此外，文学作为文本实践的研究还包含了修辞学、美学等领域，在近些年来，逐步走上了跨学科比较方向的研究路径。

（二）文学的跨民族视角

FSGS 文学的跨民族视角研究始于 2012 年。当前研究重点为对比视角下的欧洲文学，同时辅助以非欧洲文学研究，并借助引入新的科研团队逐步涉及并发展日本文学研究。此研究领域的核心内容为跨文化、翻译与世界哲学的方法论与理论。今天，此研究领域已成为 FSGS 的理论研究中心，为院内不同文化背景的学生和学者提供了比较性与跨文化的研究聚焦点。比较的方法使文本置于本文化语境与他文化语境中进行阐释。因此，文学研究为调解文化矛盾、研究文化融合现象、反思欧洲内与欧洲外科学传统的差异做出了重要贡献。

（三）文学与翻译

由文化关系衍生出一个重要的文学研究视角是翻译。翻译研究将翻译视为真实意义的传递过程。翻译包含文化语境的转换，译者是文化间的传递者。因此，他们必须关注等值、真实与意图性等问题。尽管今日文学作品翻译的出发点是去等级化，然而旧归因与新身份间的斡旋始终影响着权利关系，并继续成为现实极具争论的文学翻译研究话题。

（四）文学与知识

在知识的接受与生产关系下，该领域主要研究文学的认识论功能。文学以知识客体为主题，存储知识库存，推动知识循环，加工且科普科学知识。鉴于文学并不局限于其归属的知识客体或某一确定的知识领域，因此文学知识的特色更多的是通过语言和题材的形式来凸显，它融合了同质和矛盾性的话语，以相对的独立性规划了现实模式。在这一研究领域中，FSGS先后开展了运动中的认识论—旧世界与新时代早期的知识转化（Episteme in Bewegung-Wissenstransfer von der Alten Welt bis in die Frühe Neuzeit）。① 研究者将文学置于不同知识文化语境以及自然与人文科学话语下考察并研究。

（五）文学、媒体与艺术

此领域研究则关注口语与书面文学手法的媒介以及对文化技巧的

① MÖLLER T, ANTONY P, HINZE S, et al. Exzellenz begutachtet. Befragung der Gutachter in der Exzellenzinitiative [J]. iFQ-Working Paper, 2012 (11): 55.

依赖性。[①] 当前研究热点为沙龙文化、抨击诗歌、绘画小说、博客以及多模态文学形式。文学文本与其他媒体的交叉是此研究领域的衍生课题。其主要考察在近些年出现的跨媒体现象，即借助其他媒体来描述艺术作品，在电影描写或虚构作品的音乐化中记述或模拟其他艺术形式。例如，FGSG 的第三个年度学术会议主题为艺术与媒体对比下的虚构作品。

四、FSGS 的课程体系

弗里德里希—施莱格尔研究生院的课程培养体系的特色是跨学科结构化教学。跨学科教学是以一个学科为中心，在这个学科中选择一个中心题目，围绕这个中心题目，运用不同学科的知识，对所指向的共同题目进行加工和设计的教学。[②] 跨学科的学习以及开放式的交流极大地激发了博士生对自我研究课题的问题意识。以实践为导向的工作坊不仅为年轻的博士生展示了未来的职业前景，亦消除了他们对进入职场的担忧。从整体结构来看，FSGS 的课程体系主要包含四大模块：个人博士论文的准备、方法论与文论研讨课、以实践为导向的工作坊——软技能、年度学术研讨会。

（一）个人博士论文的准备

FSGS 的课程为博士论文的个人准备以及个性化指导提供了较为宽松的区间。鉴于院内所有科研项目均为在不同的专业语境下解决对比

① HILLENBAC A K, HACKE M, SCHLEGEL M, et al. Empfehlungen für den übergang von der Master-in der Promotionsphase [M]. Jena: UniWiND-Publikationen, 2014: 67.

② 杜惠洁，舒尔茨．德国跨学科教学理念与教学设计分析［J］．全球教育展望，2005，34（8）：28-32.

性的文学文化问题，因此研究对象的多样性与差异性因不同专业的科研传统形成的研究方法的不同而产生，研究方法要与研究素材匹配。在博士论文的个人准备过程中，博士生需要不断反思各自专业视角与习得的方法，并尝试将其以特定的方法与本研究生院的其他博士研究方向联系或链接起来，逐步形成网状点式的研究结构。

（二）方法论与文论研讨课

改变传统的单一学科教学，实施跨学科教学，创设多种层面、多种问题交织的形式与情境，训练学习者的跨学科思维是结构化培养课程的主要特色。FSGS 的跨学科博士生研讨课是由院内教授就方法论与文论开设的必修课程，在课上设定年度主题。该课程博士生共需参加三次研讨课，其中一次是 FSGS 组织实施的。研讨课需要涵盖 FSGS 的三个研究领域。博士生在柏林自由大学和柏林洪堡大学以及海外合作院校学习的课程同样可以被认可。FSGS 的研讨课是冬季学期的必修课，且不可以通过其他课程代替。

（三）以实践为导向的工作坊——软技能（Transferable Skills）

为了提高博士生未来的职业能力，使其尽早适应未来科研工作，FSGS 开设了大量的以提升个人软技能的工作坊。例如，教学实践（个人或与资深学者共同授课）、组织科研活动、出版会议论文、撰写文学批评与学术论文、科研管理、组织媒体、出版、文化、企业咨询等相关领域活动。其中最具代表性的是研究生院的组合科研活动（Alumni-Netzwerk）：参与者借助午间论坛（Mittagsforum）和夏季咖啡（Summer-Cafe）馆活动研讨实习、国外访学、未来职业发展等。

柏林自由大学校内的达雷姆研究院（Dahlem Research School，DRS）提供针对未来职业核心技能的工作坊课程：时间管理、冲突调节、项目展示、语言技能、辩论技能。此外还包含顾问工作坊。博士生亦可参与洪堡研究生院（Humboldt Graduate School）的相关工作坊。

（四）年度学术研讨会

年度学术大会是一个面向院内院外所有参与者开放的学术研讨平台，FSGS 的博士生一般需参加三次年度学术研讨会。第一次学术年度研讨会旨在为博士生展示文学研究方法的多样性，帮助他们以对比的视角来进一步细化个人的研究问题。从研究对象出发，摒弃时间和空间的局限，在讨论中澄清研究方法和文学理论背景的关联。之后的两次年度学术研讨会则以展示各自研究项目进展和成果为主。这三次跨学科年度学术研讨会（冬季学期）为必修课，由资深教授组织，以确保在跨专业视角下课题的开放性。除了博士后与国际客座教授，研究生院的全体博士生导师均需参与该研讨会。

表 3-6　FSGS 的课程体系

<table>
<tr><th>I 个人博士论文的准备</th><th>II 方法论与文论模块（选修）</th><th>III 实践模块（选修）</th><th>IV 专题研讨会（必修）</th></tr>
<tr><td rowspan="4">针对个人课题项目的灵活性学习包含国外访学</td><td>文学作为文本实践</td><td rowspan="4">DRS 课程
博士网络课程
FSGS 课程</td><td>年度学术研讨会</td></tr>
<tr><td>跨国民族视角下的文学</td><td>年度学术研讨会</td></tr>
<tr><td>文学与知识</td><td rowspan="2">年度学术研讨会</td></tr>
<tr><td>艺术与媒介理论</td></tr>
</table>

五、FSGS 学术研究活动的结构化特色

FSGS 专注于使用比较的方法进行文学文化研究，在多元整合的理论关切下对不同语言和文化的文本或文学现象进行比较分析，努力跨越文化和语言的界限，把握语言的多样性，逐步形成一大批跨学科、

跨文化、跨民族的文学文化研究的杰出成果。FSGS 学术研究活动的核心理念是推动跨专业、跨学科的交叉性，实现结构化的培养理念。[①] 其结构化特色主要体现在以下几点。

（一）研究内容的跨学科

FSGS 的学术研究活动融合了文学、语言学、历史学、文化学、哲学、政治学、媒体学、艺术学、宗教学、美学等多种学科。所有的学术活动均以学科群为基础，按研究问题需要，以不同的集合方式将学科群链接为网状结构，[②] 用以分析解决各种广义文学文化问题，例如，2018 年 11 月的学术活动：文学中的鬼怪——哲学现象与视觉媒体，将文学、哲学、媒体学融为一体，整合上述各学科的研究方法，从一个小的研究切口入手——“文学中的鬼怪”，尝试将欧洲内（进而扩展到欧洲外）文本中的这一主题以历时和共时结合的方式进行对比性深挖，逐步形成完整的文学文化认知。这种学术活动对扩展参与者的研究视野、促进其跨学科分析解决问题能力的提升意义突出。

（二）研究对象的跨民族

FSGS 对文本的研究往往不会设定地域民族界限，而常常是以某一特定文本现象为研究对象，以跨学科的视角展开研究，例如，2017 年 10 月的学术活动：文学生活研究——作为文学场域的柏林。此研究活动致力于不同民族文本中文学场域柏林对文本叙事的作用和意义，进而分析比较叙事空间——柏林在不同文本中的文化差异。这种跨民族的文本研究，可以有效地避免研究单一民族文本的视角局限性。在大

① JAKSZTAT, S. P, NORA B. Promotionen im Fokus. Promotions - und Arbeitsbedingungen Promovierender im Vergleich [R]. Hannover: Forum Hochschule, 2012: 33.

② 张炜. 德国柏林工业大学的跨学科学术组织 [J]. 比较教育研究, 2003 (9): 59-61.

量跨民族文本研究的基础上，FSGS 同样重视理论体系的完善，对于一贯有高度争议的跨民族文学艺术的种属问题，FSGS 每年的学术活动中均会多次涉及并深入探讨：关于最新文学类型的研究。

（三）研究方法的跨学科

FSGS 的跨学科不仅是传统意义上的学科边界的交叉和渗透，而是更多地体现为方法论的互设以及传统学科基于新的分析维度、新技术或者新的研究问题的重组或融合。对文本和文学文化现象的分析尝试不同的研究方法：历时、共时法，注释与经验法，语境与系统法。促进不同学科之间的对话，以批判与自我反思的态度、以跨学科和国际化的研究方法不断开启文学的研究领域，例如，2019 年 2 月的学术活动：人物研究的新视角——数字化人文学科、人口统计学与统计学，就是一次文学人物研究的跨学科方法大融合的积极尝试，该项目整合了信息学、媒体学、统计学与文学文化学研究方法，开创了文学研究的新内涵和新成果。

（四）研究思路的对比性

FSGS 对文本的研究思路往往从比较视角出发，纵观其 2016—2018 年所有学术科研活动，不难发现，其三分之二以上的科研活动均涉及以下 8 类比较中的一类或多类：

（1）文本比较：文本性与文本间性；

（2）系统比较：修辞、诗学、审美；

（3）表征比较：语言与文学；

（4）认知秩序的比较：文学与知识话语；

（5）语境中的文本比较：文学与文化差异；

（6）媒介比较：文学与其他艺术形式；

（7）理论比较：文学种属与理论的定位；

（8）版本比较：编辑学研究。

这种研究吸收了广泛的跨学科比较研究路径，以分析的视角不断挖掘文学、文化以及语言的内涵与建构规律。在多元整合的理论形成下，形成了一系列优秀的对比性文学文化研究成果。

（五）研究成果的跨区域

FSGS 的跨区域研究视角主要体现在以跨文化的对比方法研究世界文学系列。截至 2018 年年底，已由 De Gruyer 出版社发表 16 册世界文学研究成果系列。其中第一册主要深入介绍和描述了世界文学的研究渠道、视角、方法等。之后的 15 册则分别以某一研究主题为切口，深入展开多元跨文化对比研究。

世界文学 16 卷本：

第一卷　世界文学的研究方法，2013 年出版；

第二卷　奥斯威辛的叙事空间，2013 年出版；

第三卷　边缘符号学：浪漫主义文学的边缘现象，2013 年出版；

第四卷　死后之爱：中世纪与现代欧洲早期死后之爱的概念，2014 年出版；

第五卷　诗歌电影：视听媒体中的抒情诗歌，2014 年出版；

第六卷　三岛由纪夫“保卫我们的文化”：全球语境下的日本身份话语，2014 年出版；

第七卷　世界的文本化：福斯特、洪堡与沙米索的文学访学之旅，2014 年出版；

第八卷　精明的恶行：愤世嫉俗的变体，2015 年出版；

第九卷　文艺复兴的荷拉兹接受，2015 年出版；

第十卷　怪异：十九世纪文学与科学的偏离，2016 年出版；

第十一卷　1756—1832 英德文学的转换，2016 年出版；

第十二卷　语境下的文学：现象学中的认知论，2016 年出版；

第十三卷　艺术与媒体对比下的虚幻文学，2016 年出版；

第十四卷　现代散文的哲学诱惑：对比视域下的波兰与德国作家，2017 年出版；

第十五卷　真实历史，自由编撰：超文本虚拟文学的协商与市场化，2018 年出版；

第十六卷　自传与自传中的非人性生活，2018 年出版。

（六）研究课题的国际化

国际化是柏林自由大学学术科研发展的特色。截至 2018 年，该校已于全球 100 所大学建立校际合作关系，与 330 所大学成立了伊拉斯谟高校联盟，并与 45 个全球知名科研机构建立合作关系。除了机构合作和人员交流上的国际化，FSGS 的学术研究的布局也贯彻了“世界视野”，这一点突出地体现在其对广义文学文化学的各种科研项目中。

FSGS 先后申请并实施了相关课题项目，例如，20 世纪中期中欧观察项目（Mitteleuropäische Oberservationen einer Neuen Mitte 1900—1945）：分析了亚美当代关系的东方学解释以及欧洲势力的殖民化尝试。国际访问学者项目：移动的传统——对比视野下近东文学（Travelling Traditions：Comparative Perspectives on Near Eastern Literatures），以及由 FSGS、肯尼亚肯雅塔大学与南非开普敦大学（University of Cape Town）三方共建，并由 DAAD 赞助支持的三国博士联合培养项目：南北文学与文化互动（North-South Literary and Cultural Interaction）。此外，该项目还吸纳了来自亚洲、近东以及非洲的相关研究者，以利于扩宽研究课题的国际视野。

表 3-6　2017—2019 年 FSGS 的学术活动

2019 年学术活动安排	2018 年学术活动安排	2017 年学术活动安排
10 月 文学与艺术中的丑闻	12 月 1. 批评的声音 2. 批评—诗学—协作 3. 国家、文化与种族外的存在与归属观念	10 月 1. 邂逅差异：一次关于性别与旅行写作的会议 2. 文学与漫画中的疾病与残障故事 3. 文学生活研究——作为文学场域的柏林
7 月 1. 文学与政治：读者、作者、出版社与学者间的对话 2. 文学中的政治——文学与政治 3. 世界咖啡馆——读博之路	11 月 1. 行为修辞学：舞蹈—哑剧—杂技艺术 2. 文学×科学：现实主义，文学的移植 3. 文学×科学：现实主义 4. 抒情诗歌中的交互作用与协作关系 5. 文学中的鬼怪：哲学现象与视觉媒体 6. 比较学研究中如何克服欧洲中心论 7. 文学意外事件的形式	9 月 1. 时代的结构 2. 现实的艺术：对话学者 3. 跨民族——文学种类的可能与界限
6 月 1. 科学的漫长之夜 2019 2. 文学×科学：现实主义 3. 模式化的辨识 4. 走出批判理论？法西斯研究		8 月 世界咖啡馆：读博之路
		7 月 1. 文学修辞学 2. 塔尔德-卡夫卡-拉图尔：互文性与衔接 3. 后苏联时期漫画中的残障主题 4. 作家与作品：一对存在争议概念的交互关系与视角
		6 月 诗歌——古希腊的城邦——实践：同时代抒情诗的立场
		4 月 诗歌中的自我：自传式诗歌的挖掘
		3 月 艺术宗教还是宗教艺术？
5 月文学艺术的种属问题：关于最新文学类型的研究	10 月 1. 瓦尔特·本雅明与诗歌 2. 现实与虚构间的叙事学——漫画中的大屠杀	2 月 1. 鲍勃·迪伦——声音与评论 2. 主显节的美学 3. 主显节的现实：文学与艺术中的语言 4. 韦雷娜·斯特凡《陌生睡客》中的互文性与作者定位

续表

<table>
<tr><th>2019 年学术活动安排</th><th>2018 年学术活动安排</th><th>2017 年学术活动安排</th></tr>
<tr><td>4 月
司法文本的翻译</td><td>7 月
1. 世界咖啡馆——读博之路
2. 种属问题：诗学与政治学种类
3. 文学种属与图书市场的逻辑
4. 夏季学期开幕式：种属问题—诗学与政治学种属
5. 散文——一个被忽略的文学种类的历史与理论
6. 学术自由与不平等：来自南部的观点
7. 德国比较文化的经济学主题
8. 20 世纪的先锋文学理论
9. 独立与革命：世界文学史中的两段插曲</td><td rowspan="4">1 月
1. 文学的局部化与去局部化
2. 小说，人文科学与民主
3. 里尔克的《致俄尔普斯十四行诗》</td></tr>
<tr><td rowspan="3">2 月
人物研究的新视角：数字化人文学科、人口统计学与统计学</td><td>6 月
1. 海因里希·冯·克莱斯特与彼得·沃特豪斯
2. 壁画：材料，典型与美学边界的跨越
3. 科学的漫长之夜</td></tr>
<tr><td>4 月
1. 叙述人 2.0：身份—叙事—真实
2. 语文学与批评③洪堡作品研究</td></tr>
<tr><td>2 月
1. 汤姆·麦卡锡的《缎岛》
2. 现代阿拉伯图画小说中的战争与移民
3. 战争电影——《西线 1918》与《细细的红线》的文学接受与死亡空间的情感
4.《死亡阵地的创伤》绘画叙事</td></tr>
</table>

表 3–7　2010—2019 年 FSGS 年度学术研讨会主题

2010 年度学术研讨会主题	语文学的前景与边界
2011 年度学术研讨会主题	艺术与媒体对比下的虚构
2012 年度学术研讨会主题	桥与裂缝
2014 年度学术研讨会主题	施莱格尔研究
2015 年度学术研讨会主题	文学与文学作品中交际窘境
2016 年度学术研讨会主题	文学的技巧和技艺
2017 年度学术研讨会主题	时代的结构
2018 年度学术研讨会主题	文学作品中不可测事件的形式
2019 年度学术研讨会主题	文学与艺术作品中的丑闻

（七）饱含人文关怀的科研之路

博士培养过程，不仅是知识和方法的传授，同样也是人格与情感的完善。FSGS 在教学与科研活动中，注重心理疏导，通过创设各种文化活动来促进博士生群体的多层面交流，以缓解其学术科研压力。其中最为成功的是每年举行的“世界咖啡馆：读博之路”。在活动中，博士生们畅所欲言，交流自己的学术科研困惑，倾诉生活情感烦恼，分享个人国外访学经历，等等。此活动的意义在于越来越多的博士生走出自我封闭的研究与生活空间，袒露心声，不断地排解自身的负能量，缓解科研焦虑，避免极端的心理问题出现，从而保障自身的身心健康。

六、小结

经过多年的发展，FSGS 以其精深的研究领域、多元化的研究项目、深入的个性化指导不仅为博士阶段培养创设了最优的条件，同时亦为博士生毕业后的科研工作提供了有效的准备。目前已成为全球文学研究成果与人才的重要产出机构，其结构化培养模式在不断调整和变革中逐步走向成熟。此模式对促进学科整合和推动前沿科学发展，加速人文学科课程与理工科学科课程相融合，发展跨学科学术组织，深化国际科研合作网络，培养复合应用型人才意义重大，且成果突出。此外，在该模式下，FSGS 不断创新合作模式，建立跨机构的研究平台，打通科研人员在高校、企业以及研究机构间的行走边界与障碍，为其特色化发展开创了全新的局面。

第四节 德国文化类博士生跨学科结构化培养——以吉森大学为例

地处德国黑森州的吉森大学始建于 1607 年，是一所具有悠久跨学科科研传统的高校。作为一所综合性大学，吉森大学的科研重点为文化研究、肺部研究、电池研究。鉴于近十年来吉森大学在卓越计划项目中取得的突出成果，先后获准进入卓越集群—心肺研究（Excellence Cluster Cardio Pulmonay System，ECCPS）与卓越集群—锂电池外的能量存储研究（Energy Storage beyond Lithium），并成功入选卓越计划的二期资助，一举成为黑森州内德国卓越战略计划发展最为迅猛和运行最为成功的高校。

成立于 2001 年的吉森文化学研究中心（Graduiertenzentrum Kulturwissenschaften）为德国博士结构化培养模式改革特别是人文类学科方向做出了突出的贡献。随后成立的国际文化学研究中心（International Graduate Center for the Study of culture，GCSC）以精深的研究领域、面向研究小组的研究计划、深入的个性化指导不仅为博士阶段培养创设了最优的条件，同时亦为博士生毕业后的科研工作提供了有效的准备。2006年起国际文化研究中心与心肺系统研究卓越集群获得卓越计划一期和二期资助。2019年，卓越计划资助结束后，GCSC将通过吉森大学自有基金继续存在发展，以保持其在该领域的学科示范和带动效应。除此之外，目前该校还设有结构化培养研究生院：社会、经济和法律研究生院与吉森生命科学研究生院。

一、吉森的跨学科组织

学科被视为是构成现代高等教育系统的第一原则。[①] 鉴于传统的学科划分在越来越多的情况下难以解决不断出现的社会现实问题，学科结构开始逐步分化，在此过程中，学科间的交叉、渗透持续发生，原有的学科分支不断交叠融合，逐渐形成了跨学科教学与科研发展的需求。今天的吉森大学在院系机构设置上已很难洞察出传统大学的学科划分印记，大学按照学科相关性原则以数字分别划分为11个专业院系：01专业院系—法学，02专业院系—经济学，03专业院系—社会文化学，04专业院系—历史与文化学，05专业院系—语言文学与文化，06专业院系—心理学与运动科学，07专业院系—数学、信息学、物理学与地理学，08专业院系—生物学与化学，09专业院系—农业学、生态营养学与环境管理，10专业院系—兽医学，11专业院系—医学。其中人文学科分别纳入03专业院系—社会和文化学，04专业院系—历史和文化学，05专业院系—语言、文学和文化。这三大人文专业领域均以文化学为中心，将语言、历史、社会纳入更加广阔的认知与研究范畴，

① 秦琳. 德国博士教育的结构化改革研究：知识生产转型视角［D］. 北京：北京大学，2012：103.

同时还将社会学、政治学和教育学置于跨学科人文专业领域。这种划分充分体现了以学科群为基础，按研究问题需要，以不同的集合方式将学科群链接为网状结构的特点。①

此外，该校的科研组织机构也由传统的学院、系科和独立的机构逐步走向专项研究项目、研究中心、研究计划与研究平台等。吉森大学先后成立了5个跨学科研究中心：媒体与交互影响中心（Zentrum für Medien und Interaktivität，ZMI），东欧研究中心（Gießener Zentrum Östliches Europa，GiZo），国际发展与环境研究中心（Zentrum für internationale Entwicklungs-und Umweltforschung，ZEU），材料研究中心（Zentrum für Materialforschung，ZfM），生态系统、农业利用与营养跨学科研究中心（Interdiziplinäres Forschungszentrum，iFZ）；3个研究生院：国际文化学研究生院（Gießener Graduiertenzentrum Kulturwissenschaft，GGK），吉森生命科学研究生院（Gießener Graduiertenzentrum Lebenswissenschaften；GGL），吉森社会、经济、法律研究生院（Gießener Graduiertenzentrum Sozial，Wirtschafts- und Rechtswissenschaft，GGS）。这些新的组织形式打破了传统学科结构的局限和束缚，创设了跨学科教学与研究的高效平台。鉴于学校跨学科发展的需求，使得越来越多的教学科研人员不得不离开传统单一的学科属地，在一个广泛流动的组织机构内，基于特定问题进行临时的组合。此外，越来越多的科研人员主动地学习并选择不同学科的理论、研究方法与手段，使得科研发展的跨学科产出飞速增长。②

---

① 张炜．德国柏林工业大学的跨学科学术组织［J］．比较教育研究，2003（9）：59-61.

② ROESSLER I，DUONG S，HACHMEISTER C D. Welche Mission haben Hochschulen? Third Mission als Leistung der Fachhochschulen für die und mit der Gesellschaft［M］. Gütersloh：Gemeinnütziges Centrum für Hochschulentwicklung，2015：25.

研究生院对德国结构化培养模式的推广与发展做出了巨大的贡献。结构化的培养模式打破了传统研究生培养模式中师徒制的二元关系。研究生院（Graduiertkolleg）、博士生院（Promotionskolleg）、研究训练小组（Graduiertschule）是结构化培养依托的主要平台。20 世纪 90 年代，德国吉森大学在人文学科领域先后尝试性建立了“外语教学法”“中世纪和近代早期的国家性”和“欧洲语境中的古典主义和浪漫主义”三个研究训练小组。① 并以此为平台，不断探索和完善研究生结构化培养模式。依托上述研究小组近十年成功运行的经验，2001 年吉森大学建立了“吉森文化学研究中心”（Gießener Graduiertzentrum Kulturwissenschaft），这是德国第一个以结构化培养模式为特色、以广义文化学研究为方向的研究中心，亦是德国高校第一个在人文学科领域建立的跨学科博士培养的实施机构。为了能够将研究小组在此研究领域的成功经验推广并常态化发展，使更多的科研后备力量受益，吉森大学结合前期研究小组与研究中心的组织和运行经验，以原有的吉森人文研究中心为基础，以国际文化研究为主题，建立了吉森文化国际研究中心（International Graduate Center for the Study of culture，GCSC），并于 2006 年成功入选卓越计划资助项目，成为国际研究生院。GCSC 着眼于国际视野，先后与芬兰、瑞典、葡萄牙和意大利等国的研究生院建立了文学与文化学研究博士联合培养机制，每年吸纳 30~40 名来自世界各地的研究生。研究生院的研究主题更加宽泛且跨专业程度更加凸显，并提供具有国际竞争力的课程、统一的研究重点、灵活的课

① 秦琳．德国博士教育的结构化改革研究：知识生产转型视角［D］．北京：北京大学，2012：105.

程计划、多元化的师资队伍。

二、GCSC 文化学的跨学科研究特色与研究领域

德国对跨学科的研究发端于 20 世纪后期。德国大学是实施跨学科教学与研究的重要组织者和实施者。早在 20 世纪 80 年代，德国比勒菲尔德大学依托自身学科发展优势成立了第一个跨学科研究中心（Zentrum für Interdisziplinäre Forschung），其工作重点为促进跨学科研究和科研国际化；促进跨学科、跨机构与跨院系的合作。其组织形式有科研组（Forschungsgruppe）、合作组（Kooperationsgruppe）、工作组（Arbeitsgruppe）。跨学科教研结合、产学结合成为德国高校发展的特色。跨学科不仅是传统意义上的学科边界的交叉和渗透，也是更多地体现为方法论的互设以及传统学科基于新的分析维度、新技术或者新的研究问题的重组或融合。①

在过去的 20 年，跨学科文化学成为欧洲和北美极速发展的人文社会学研究方向。该学科将文本、社会结构以及人类行为作为一种文化现象进行分析研究，将社会文化问题借助跨专业的视角来阐释和解决，并以此建立了不同学科间进行对话的基础。

GCSC 对文化学的研究是多方法、多学科的融合。采用不同的文化学研究方法：历时、共时法，注释与经验法，语境与系统法。促进不同学科之间的对话，以批判与自我反思的态度、以跨学科和国际化的研究方法不断开启文化学的研究领域。关注社会热点话题，从文化学的角度分析社会政治热点，架设社会讨论与文化研究间的桥梁。GCSC

① 秦琳．德国博士教育的结构化改革研究：知识生产转型视角［D］．北京：北京大学，2012：69．

的主要研究方向有移民与殖民问题、文化学视域下的宗教、文化与生命学的接口等。通过文化学的跨学科交流不断促进高校践行其社会职能，同时亦推动高校知识的社会转化。

GCSC 的研究主要涵盖以下 8 大领域。

（一）文化记忆研究

文化记忆研究致力于跨学科文化记忆研究领域的理论、方法论与实践中的问题。该研究的目标为不断发掘全球记忆与回忆文化观点的多样性，从理论和实践角度探讨文化记忆研究，整合文化记忆研究的不同学派认知，不断拓展文化记忆研究的跨学科领域，例如，法国社会学家莫里斯·哈布瓦赫（Maurice Halbwachs）的集体记忆（kollektives Gedächtnis），其被视为 20 世纪乃至今日记忆文化研究繁荣的动力源。文化记忆研究的另外一个重要分支为法国历史学家皮埃尔·诺拉（Pierre Nora）提出的思乡文化—记忆之场（lieux und milieux de mémoire），并由此引发了怀旧与民族建构关系的研究。美国学者约翰·博德纳（John Bodnar）提出了本土记忆（Vernacular Memory）的构想，以及相关的霸权文化叙事研究，而后者则是民族记忆叙事的基础。此外，文化记忆研究的第三大方向是流行记忆以及口头历史研究的实践应用。

当前 GCSC 的文化记忆研究重点为人为分离、移民与民族形成、身份与政治家的回忆、记忆重写与认同斗争的关系、记忆与技艺、社会媒介、自我建构记忆与监督。

（二）文化叙述学研究

美国哲学家纳尔逊·古德曼（Nelson Goodman）认为：没有自然的世界，我们唯一可以进入的只有被文化塑造后的世界模型或者是世界图景。[1] 文化叙述学研究的目标是如何通过叙述的方式建构人类可以认知的世界图景，以及分析被该图景所嵌入的价值体系，即通过叙述学的过程考察特殊的价值体系。这种方式可以用来阐释文本的多元性。任何建构的世界都要服务于特定的利益，因此世界的多元化抵制着同一化十分重要。叙述学离不开文化学，文化叙述学研究故事如何被叙述。

GCSC 的文化叙述学现阶段的研究重点为非自然叙述、后殖民主义、生态批评学以及情感叙述。2018 年夏季学期扩展了新的主题：叙述与政治格局的关系。政治话语分析与叙述学已成为建构世界的重要策略。

（三）文化转化与表现研究

该领域致力于不同文化中的表现与阐释研究，表现理论与表现形式的关系。文化表现可以影响社会发展，推动文化转化。从文化表现层面研究文化转化有助于理解文化进程的改变以及分析变化的文化语境中的适应。其研究目标为整合不同的研究方法，梳理个性化的研究角度，逐步形成表现与接受研究领域的跨学科研究视野与观点。

当前该研究主要关注戏剧表现与仪式性的交互关系、分析表现理论与接受理论关系，例如，表现行为与接受过程的理论研究方法。

（四）虚拟与物质文化研究

该领域深入研究虚拟与物质文化的复杂产出形式、继承方式以及意义机制。从不同角度、不同的媒体语境研究社会文化进程与话语中不断改变的客体与图景。在物质文化研究中，客体被视为复杂意义过

---

① DANIEL C. NELSON G [M]. New Mexico: Acumen Publishing, 2006: 15.

程的活动者和有意识行为的产品。① 在广阔的虚拟与物质文化研究领域不断挖掘新的研究对象和研究方法。该领域研究不仅致力于图像与客体的静态理解，而且考察虚拟与物质文化的真实性、文化习得以及文化与社会发展中的图像逻辑等。当前研究重点为图像的全球化流通条件、机制与结果。

（五）媒体与多元文化研究

该研究领域的成员来自多学科，包括语言学、文化学、文学、社会学以及传媒学等多学科领域。其研究重点为语言和媒体在塑造文化身份、建构文化群体以及促进跨文化交际层面的作用和意义。近年来，该研究小组主要关注批评性话语分析在文化学范畴内的研究。此外，该研究小组的另一大研究重点是考察语言与媒体如何影响文化交流、克服文化障碍等。2016 年，该小组与 DAAD 合作，成功举办“东欧的文化接触与文化冲突区域”国际研讨会。当前该方向研究重点为线上批评：辩护、暴力与社会媒体力量的转化；社会网络：数字民族主义的社会网络；象征性能力；多语转折：跨文化交际的新视野。

（六）文化身份

文化身份研究是从不同文化视角探究复杂的身份观点。文化与身份是不可分割的两个概念。文化身份研究的重要角度是探讨具有某一文化背景的人在另一文化内部如何维系自身的文化身份。其研究的跨学科性主要体现在融合了新物质主义、后人文主义、性别研究、后殖民主义、叙述学、自我与相似哲学等理论。

---

① Busche H, Heinze T, Hillebrandt F, et al. Kultur-Interdisziplinäre Zugänge [M]. Berlin: Springer VS, 2018: 93.

（七）全球化研究与空间政治

致力于探究全球性与空间性如何相互影响，政治与跨国关系对文化研究的相关性，文化全球化与文化空间的区分，全球化研究、政治空间研究，政治融合与冲突全球化过程、产生分歧的区域结构。当前研究重点为冲突在社会团体内部空间生产中的转化与协商过程，政治、经济、社会与文化冲突状况。

（八）知识文化、传播与教育

该研究领域关注文化与社会进程中知识的产出、传播与利用；紧密结合全球化、文化转化等社会文化现象，考察知识的社会与物质产出、个体知识创造的认知过程、知识产出的物质性以及在研究和教育中知识传播的实践经验。该研究广泛吸收了跨学科研究路径，以分析的视角不断挖掘知识、传播以及教育文化。整合历史学、社会学、哲学与教育理论学的相关知识，从认知与心理学角度分析知识文化与知识建构。当前研究重点为政治文化发展中的人文学科的功能与社会关联。

三、GCSC 结构化的课程体系

GCSC 强调课程的整体性和学科知识的交叉性，在基本科学研究能力培养的基础上，注重可迁移技能和通用技能的培养。通过加强学院之间的纵深合作，充分利用院系间的资源平台，开设跨学科、跨专业的“软技能”课程，学术科研培养、个人修养培养与社会能力培养并重。就课程形式而言，研讨会是最为常见的形式。其中具体形式包含期刊俱乐部（Journal Clubs）促进科学文献的批判性阅读；夏季学校

(Summer School) 传授参与国际会议与发表学术论文经验；DIPP 视野对话（DIPP Vision Talks）讨论开放性问题，从不同的研究领域预测未来学科发展趋势；科研工作坊（Research Workshop）由项目内各位博士生展示其近期研究成果；等等。总的来看，GCSC 的课程体系可以概括为基础课程、拓展课程与核心课程。

（一）基础课程

第一学期的基础课程主要包括以下两种模块：基础模块和专业模块。其中基础模块主要针对博士研究项目的结构性和组织性问题；专业模块则主要从方法论、理论和学科核心技能角度强化科研工作者的能力，并将博士生的研究领域划分为社会学、历史文化学以及语言文学三个方向。两大模块的结构一方面有利于培养学生的科学理论、项目管理以及科研设计等基础问题的能力，另一方面也有助于学生尽早发现自己的问题领域和研究方向。

（二）拓展课程

拓展课程安排在第三学期，与基础课程的内容紧密衔接，以个体化的论文指导为主。拓展课程不仅包含写作技巧的传授还包括论文项目的研讨。其形式主要包括科研工作坊、客座讲座、讲习课、春季学校、夏季学校、语言课。

科研工作坊主要通过博士后或有经验的博士生进行组织和开展，其内容涉及文化学的热点问题、学术理论和科研方法。GCSC 的博士生需要将当前跨学科讨论的内容融入个人的研究领域，并进一步形成个人特色研究成果。

客座讲座：讲座人可以是博士生、博士后或教授，他们的研究方向与 GCSC 涉及的领域趋同或相关。

讲习课为博士生提供了与德国甚至国际知名文化学学者就文化学内热点问题展开研讨的机会。在该课程内还可以就个人博士论文的问题向专家进行请教。讲习课一般分为2~3个阶段。首先主讲人进行开场讲座，介绍核心观点和研究方法基础，之后2~4名博士生展示其当前科研内容和进展，接着就展示过的报告进行讨论。

春季学校为博士生创设了讨论博士科研项目平台。专门为博士生设计，以强化其方法论上的特色。春季学校课程突出理论与方法上的重点。夏季学校往往与合作机构共同开展。其目的是为博士生尽早积累参与国际会议的经验。其涉及的主题较为宽泛，以便于文化学不同研究领域的博士生均可以参与其中。

此外，GCSC还开设语言培训课，以便博士生进一步强化其外语科研学术能力。

（三）核心课程

GCSC的核心课程主要包括：核心讲座、跨专业学术研讨会、文献分析、实践课程、答辩准备。

GCSC核心讲座是其课程体系不可分割的重要组成部分，主要涉及文化学研究的一些核心主题与理论。每学期都安排了不同相关领域国际科学家开展系列讲座，展示其在文化学领域富有创新的科研思路和科研进展。为了使博士生有效地在讲座内与专家学者进行交流，GCSC在讲座前通常都会以工作坊或讲习课的形式深入探讨讲座人的研究内容。

跨学科研讨会是第一到第五学期博士课程体系中的核心课程。该课程为各研究方向博士生提供了定期展示个人研究进展和成果的平台，通过研讨使学习者获得跨学科理论、方法。该研讨会每两周举行一次，每一位项目内的博士生均需展示个人科研思路和进展。

在文献分析课程内所有学科方向的博士生共同学习和讨论大量文献，并以此形成一些重点理论和研究主题。文献课一般由博士生进行设计、组织和开展。

GCSC 的课程体系中包含了大量强化博士生核心能力的实践课程，例如，每学期进行的以强化学术写作规范和能力的科研写作课；培养科研内容展示技能的报告技巧课；提升项目管理和实践管理能力的管理课；等等。

表 3-8　GCSC 课程体系表

<table>
<tr><th>第 1 学期</th><th>第 2 学期</th><th>第 3 学期</th><th>第 4 学期</th><th>第 5 学期</th><th>第 6 学期</th></tr>
<tr><td>基础课</td><td colspan="5">制定项目研究聚焦点，确定适当的研究理论与方法框架</td></tr>
<tr><td colspan="4">职业服务工作坊：至少参加一个实践导向的职业核心能力培养工作坊</td><td colspan="2">选择性参加院内其他课程</td></tr>
<tr><td colspan="4">教学中心工作坊：至少参加一个高校教学和知识传授方法的工作坊</td><td colspan="2">选择性参加院内其他课程</td></tr>
<tr><td colspan="2">核心课</td><td>拓展课</td><td colspan="3">反思写作过程，讨论论文中的特定问题</td></tr>
<tr><td colspan="6">跨学科专题研讨会：每学期一次或定期反馈研究课题内出现的问题</td></tr>
<tr><td colspan="6">GCSC 研究工作坊：每学期至少一次：与其他科研工作者交流，宣读项目内课题论文</td></tr>
<tr><td colspan="6">国际会议和暑期学校：每学期至少一次：报告展示技能，与其他学术群体进行交流</td></tr>
<tr><td colspan="6">准备与组织一次专家讲习班、工作坊或会议；项目管理技能</td></tr>
<tr><td colspan="6">GCSC 工作坊：学术能力的强化（如写作工作坊）</td></tr>
</table>

续表

第 1 学期	第 2 学期	第 3 学期	第 4 学期	第 5 学期	第 6 学期
				毕业阶段：专注论文写作	
					论文答辩 准备课程

四、GCSC 的组织结构

GCSC 的组织结构是以保证其内部各项功能正常运作的组织原则建立起来的，其主要结构成员包括主管各项事务的委员会、咨询机构以及科研人员与行政人员。其中董事会、院长理事会、业务院长、国际顾问委员会、博士生代表处、选举委员会、机会平等委员会为主要职能机构。

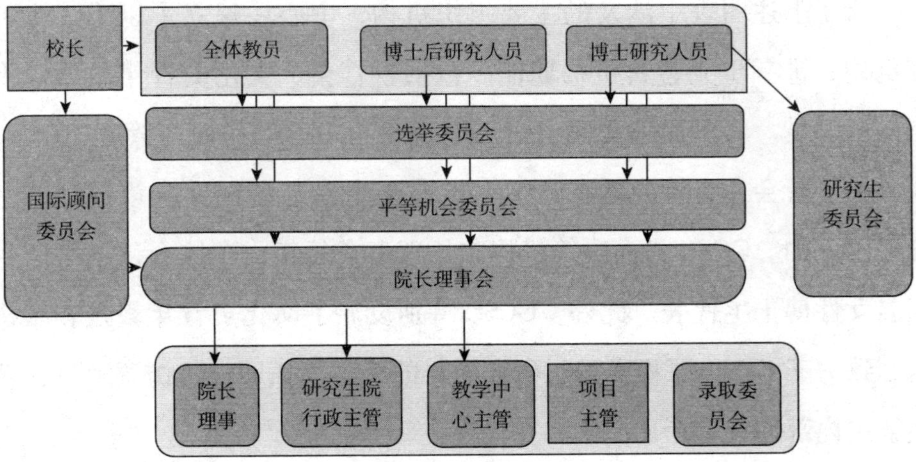

图 19　GCSC 的组织结构图

董事会主要负责 GCSC 日常事务的协调以及内部的传达。院长理事会主管 GCSC 的日常事务，包括制定战略发展规划、拟订研究计划、开设项目课程、吸纳新的学术力量等。院长理事会下设教学中心主管、研究生行政主管以及项目主管等机构与人员。其中项目主管是吉森大学专业、学院和研究项目的负责人。他们主要负责课程计划、研究小组、职业规划服务、教学中心协调以及国际化合作事务。项目主管下设项目负责人，其负责博士学习阶段各层面，包括申请、录取、培养过程等。教学中心主管则在高校教学法层面负责课程和工作坊，服务于中心教师以及相关问题的咨询和协调。行政主管依托行政人员管理和组织 GCSC 的课程项目、后备科研力量小组、职业服务、财务、公共事务以及研究中心的推广。录取委员会主要负责每年审核申请书，吸纳 GCSC 成员和奖学金生。需要指出的是，院长委员会的各项工作均需受到机会平等委员会的监督。该委员会由一名青年教授或博士后与一名博士生构成，监督 GCSC 各项工作中的平等性，并提出改善意见。

除了上述图表中涉及的主要组织机构，中心还建立了以下三个补充机构，进一步完善其机构职能。包括自管会、文化史青年教席以及信访调解员。为了促进女性科研工作者参与中心的科研与管理，GCSC 成立了自管会，自管会是在吸纳女性博士生参与各层面决策过程的基础上建立的。GCSC 最高决策机构院长理事会每年由全体会议选举产生四名女性博士生代表。此外，GCSC 特别设立了文化史青年教授教席机构，致力于 GCSC 课程安排与研究项目的跨学科拓展。信访调解员：帮助解决内部冲突和矛盾。

第五节 跨学科结构化培养的实践指导意义

结构化培养模式是德国高校逐步走向具有国际竞争力的科研型精英大学的特色化发展之路。它是促进德国科研后备力量培养的重要平台。研究生院为博士生提供了国际最佳的跨专业、跨学科的培养条件。经过近20年的发展，研究生院已成为德国结构化博士培养模式的主要平台。2000年至今，德国博士培养的结构化改革不断深化，结构化博士培养项目向着更加多元化、国际化、实体化、网络化的趋势发展，并涉及越来越多的参与者。吉森大学国际文化学研究中心与柏林自由大学的弗里德里希·施雷格尔文学研究是德国语言文化类博士生结构化培养的典范，它们均以精深的研究领域、面向研究小组的研究计划、深入的个性化指导不仅为博士阶段培养创设了最优的条件，同时亦为博士生毕业后的科研工作提供了有效的准备。经过10多年的发展，它们已成为全球文学文化学研究成果与人才的重要产出机构，其结构化培养模式在不断调整和变革中逐步走向成熟。该模式对促进学科整合和推动前沿科学发展，加速人文学科课程与理工学科课程相融合，发展跨学科学术组织，深化国际科研合作网络，培养复合应用型人才意义重大，且成果突出。

德国语言文化类结构化培养的两个案例研究为我国外语类专业的跨学科改革提供了可供借鉴的思路与经验，即关注学科技能、科研技能、研究视野、研究导向、研究协作并重的结构化培养路径，即关注（1）学科技能：扎实、广博、系统、精深的专业理论基础素养；（2）科研技能：独立、前沿的科研能力。包括科研论文的写作技能，报告展示技能，项目运行、管理、监控和反馈技能等；（3）研究视野：促进跨学科培养，强调在各自专业研究领域的纵深发展；不同学科交叉发展，鼓励多样化的学术氛围；重视科研方法的训练，突出科研视角的融合与挖掘；（4）研究导向：创新性是一切研究的出发点和终结点。强调在国际交往语境中研究层面、研究方法、研究视角、研究应用的创新性开发和拓展；（5）研究应用：着眼于人才的适应性和实用性，人才培养过程的实践导向，始终与企业、与社会、与应用紧密联系；（6）研究协作：注重个人科研能力以及团队合作能力的培养；（7）跨学科、交叉性课程设置：根据课题研究的需求设置交叉学科课程，扩宽研究生的科研视野，提高他们的科学素质，激发其创新性的研究视角；（8）丰富、灵活、创新性的课程形式：促进科学文献的批判性阅读与开放式研讨问题，独特的课程形式对激发课题研究视角意义突出；（9）大力开发国际课程：注重研究生教育质量建设，推进国际课程开发，实现课程国际化；（10）建构多元文化学术对话：在多种文化、多种思想的共同碰撞中形成汇集多文化思维的学术共同体。通过强大的社交网络建设，使研究生可以参与校际、国与国间的多元文化的学术交流，了解专业前沿信息，交流研究心得。

第四章

跨学科合作的新范式——高校区域联盟

第一节　德国高校区域联盟建设路径

2019 年起，德国高等教育进入了“卓越战略”建设阶段，该战略将集群化建设与区域高校联盟深入发展作为未来德国高校特色化与区域科研经济文化协同发展的核心动力。关注高校区域联盟高水平合作建设和推动跨学科集群研究成为德国高等教育发展的新趋势。① 区域高校联盟是指由统一区域内各高校主体及利益相关者集合在一起的组织。② 联盟实质上是战略管理思想在高等教育领域的延伸，是成员高校相互借助联盟伙伴资源、社会影响力提升自我，实现资源互补与协作的创新策略。③ 通过联盟促进德国高校校内、校际、校企以及国际合

---

① Bundesministrium für Bildung und Forschung. Kompetenzzentren für digitales und digital gestütztes Unterricht [EB/OL]. BMBF, 2022-09-11.

② 盛正发，雷鸣强．区域联盟：智能时代新建本科院校战略突围的必然选择［J］．江苏高教，2020（4）：45-50.

③ 郑丽娜．德国理工大学联盟战略管理的实践及启示［J］．现代教育管理，2021（1）：121-128.

作，实现优质教育科研产业资源的聚集以及跨学科科研前沿领域的协同研究，推动区域教育、科研、经济一体化发展。

近年来，德国大量高校组建并不断扩展了基于多个职能层面和专业科研领域的高校联盟。为了共享资源，提高各自的教研水平，德国大学尝试通过联盟实现强强联合，优势互补。结盟的形式包括德国应用技术大学联盟、德国理工大学联盟、德国综合高校联盟等。2005 年成立的 UAS7 是 7 所应用技术大学的联盟，包括柏林经济与法律学院、不莱梅应用科学大学、汉堡应用科学大学、科隆应用科学大学、慕尼黑应用科学大学、明斯特应用科学大学、奥斯纳布吕克应用技术大学，成立的目的在于提高其成员大学的国际化水平。成立于 2006 年的 TU 9 联盟成员均为理工类高校，其专业都集中于 MINT（数学、工程、自然科学、技术）。TU 9 德国理工大学联盟包括亚琛工业大学、柏林工业大学、布伦瑞克工业大学、达姆施塔特工业大学、德累斯顿工业大学、汉诺威大学、卡尔斯鲁厄理工学院、慕尼黑工业大学、斯图加特大学。TU 9 是典型的自下而上联盟，即先有合作基础后建立联盟。政府通过目标协定、绩效拨款、大学排名等手段加强对高校联盟的宏观治理。U15 德国综合高校联盟是 2012 年由德国 15 所顶尖的研究型综合大学组成的大学联盟。15 所联盟成员大学为柏林自由大学、柏林洪堡大学、波恩大学、法兰克福大学、弗莱堡大学、哥廷根大学、汉堡大学、海德堡大学、科隆大学、莱比锡大学、美因茨大学、慕尼黑大学、明斯特大学、图宾根大学、维尔茨堡大学，均为研究型大学。联盟通过紧密的合作促进尖端科研，提高教学水平，促进学术后备力量的成长，以彰显顶尖研究型大学对社会发展的意义。

独立高校与高校联盟的主要区别在于高校联盟在保证其成员各自

独立身份的同时，拥有明确的目标。高校联盟的优势在于提升科研政策的力度并强调其成员的利益。其组建的动机源于扩展高校的专业多样性与服务多样性。整个联盟以及联盟内各高校的特色化进程必须与区域特色、区域要求紧密结合。一些联盟充分利用上层结构、相关系统与区域特色推动自身特色发展，以区域发展为导向制定制度化战略。

一、综合性高校联盟

（一）概况

德国综合性高校联盟的组建往往基于高校内相关科研人员已经形成的交流合作关系，即参与高校在某个科研领域考虑合作、实施合作，进而扩展到其他领域。而参与高校的领导层进一步推进合作制度化。政府机构在这一过程中发挥着观察、支持与推动的功能。综合类高校联盟超越了项目形式的合作，而是在正式与非正式层面以制度化的形式进行交流。此类联盟多数由两个以上高校，基于双边或多边的合作关系签订合作协议，确定合作的基础与框架。鉴于综合类高校联盟通常是由同样类型、规模的院校组建，所以其往往实行轮流负责制，即成员单位的负责人轮流替换担任联盟负责人。德国综合性高校联盟建设体现自下而上的结盟方式，经过项目合作—网络化多层面合作—战略制度化合作路径形成了一些典型的综合性高校联盟：哈勒—耶拿—莱比锡联盟（Allianz Halle-Jena-Leipzig）、欧洲校园（The European Campus，Eucor）、鲁尔高校联盟（Universitätsallianz Ruhr）、莱茵—美因高校联盟（Rhein-Main-Universitäten），以及近期成立的柏林高校联盟（Berlin University Alliance）。综合类高校联盟内部往往是合作与竞争并存。保持教学与科研活动的多样性是综合类高校联盟的核心目标之一，因此高校间的分工合作就十分必要。由于合作的前提是一定程度上的内容交叉，而竞争又存在于共同的研究领域，因此这种合作竞争关系之间的矛盾不可能完全消除。

（二）鲁尔高校联盟（Universitätsallianz Ruhr）

鲁尔区位于德国西部北莱茵-威斯特法伦州（简称北威州）境内，鉴于其区位与资源优势，在德国近现代长达200年的工业历史中扮演了极其重要的角色，一度被视为欧洲的“工业心脏”。然而，19世纪70年代以来，随着世界产业框架的变革，传统工业出现了结构性衰退，鲁尔区面临资源枯竭的困境，传统工业的蓬勃振兴时代已远去。20世纪80年代，以IBA（国际建筑展计划）为契机，鲁尔区实施了区域转型与改造计划，通过对工业遗迹战略性开发与整合，完成了区域产业功能的蜕变，形成了以“工业文化之路”为特色的文旅、教研、企业集群化协同发展态势。目前，鲁尔区拥有500多万人口，以绿色、开放与文化而著称。过去的工厂转变为现在的工业遗迹和国际文化音乐展览的场馆。200个博物馆、120个剧院、100个文化中心以及每年250场文化庆典活动将鲁尔区打造为生机勃勃的国际文化大都市。德国许多大型企业均在鲁尔区设立其总部，并寻求与当地高校的合作。区域内高校依托自身科研特色，衍生出了大量创新性企业，逐步形成了富有活力的初创企业生态系统。鲁尔区实现了经济与科学，自然与文化的深度结合。

20世纪末，随着德国区域文化教育产业的融合性发展，鲁尔区逐渐成长为德国乃至欧洲重要的教育科研中心。5所综合性大学、18所高校、4所校外科研机构的集群式发展助力昔日以矿业密集型为特色的鲁尔区逐渐转变为极具吸引力的创新科研型鲁尔区。区域内高校联盟建设源于成立于2004年的鲁尔经济研究生院，是该区跨机构合作的小型经济学研究院。由地处“鲁尔区”的三所大学波鸿—鲁尔大学、多特蒙德工业大学、杜伊斯堡—埃森大学的一所研究机构——莱茵韦斯特法伦经济研究所联合成立。鲁尔经济研究院相对侧重应用性的经济研究，并划分了三个研究集群：应用微观经济学——劳动力—人口与健康经济学、宏观经济学——国际货币与金融—金融市场学、微观经济学——博弈论—机制设计—公共财政学。① 随着区域内高校集群化的深入发展，2007年波鸿鲁尔大学与多特蒙德理工大学成立电子学—信息学鲁尔ETIT联盟与机械制造鲁尔Unit。同年，为了整合区域资源，优化竞争力，波鸿—鲁尔大学、多特蒙德工业大学和杜伊斯堡—埃森大学签署协议，宣布成立“鲁尔大学联盟”，这是德国首个综合性大学联盟组织。联盟建立的初衷是希望通过学科互补、资源共享增强各校的科研实力，并进一步强化各自成员的特色，进而提升其国际竞争力与知名度。联盟不设独立法人，盟内一切合作事务均基于合作协议，通过合作委员会（该委员会由各校校长组成）与研究委员会（由各校科研副校长和科研人员代表组成）确立和推动。

2009年进一步建立了互认学分的联盟内部协同一体化培养体系“鲁尔校园”（Ruhr Campus），三校简化了入学与学分认定的规定，并组建了多个硕士联合培养方向。2011年多特蒙德理工大学与波鸿鲁尔大学开设“医学物理学”方向学士硕士联合培养。2013年波鸿鲁尔大学与杜伊斯堡—埃森大学设立“生物多样性”联合培养硕士。2017年成立了促进科研后备力量培养的鲁尔研究院（Research Academy Ruhr）。

---

① 秦琳．德国博士教育的结构化改革研究：知识生产转型视角［D］．北京：北京大学，2012.

2018 年多特蒙德理工大学与波鸿鲁尔大学成立第二个联合培养硕士方向“经验性多语种研究”。2019 年成立鲁尔工程联盟（Engineering Allianz Ruhr，EAR）。2019 年开设三校联合培养硕士方向“计量经济学”。

表 4-1 鲁尔高校联盟联合培养硕士方向

联合培养硕士方向	研究特色
生物多样性	2013 年冬季学期起，波鸿鲁尔大学与杜伊斯堡—埃森大学联合培养“生物多样性”硕士研究生。该研究方向特色为卓越的跨学科研究与独特的微观有机体生物多样性研究重点并重
医学物理学	2014 年冬季学期起，多特蒙德理工大学与波鸿鲁尔大学联合培养“医学物理学”方向硕士研究生。该研究方向致力于培养物理学研究者的医学研究能力，推动医学与物理学交叉领域的跨学科发展与人才培养
经验多语研究	2018 年冬季学期起，基于鲁尔高校联盟合作框架以波鸿鲁尔大学为主导开设盟内联合培养硕士方向“经验多语研究”。拥有语言学背景的研究生与不同院系合作，深化多语种研究
计量经济学	2019 年冬季学期起，多特蒙德理工大学与波鸿鲁尔大学以及杜伊斯堡埃森大学开设联合培养硕士方向“计量经济学”。该方向由三所高校的经济系与统计学系跨院系合作，实现了计量经济学与经验经济研究的整合

鲁尔高校联盟致力于促进多样化的跨高校教学、研究与管理合作，推动自下而上的合作态势，架设不同专业、学院与具体项目的衔接路径。联盟目前下设 48 个院系，18 个特色研究领域，570 个专业方向，13 所 DFG 资助的研究生院，13 个协作中心（SFB），涵盖了从人文社会科学到自然科学与工程学等广泛的学科领域。为学生和研究人员提供了无限交流和资源共享的可能性。目前，约有 12 万名学生，其中 1.9 万名国际学生，1300 名教授以及 1.4 万多名研究人员在鲁尔高校联盟学习和工作，年科研预算总额接近 14 亿欧元，每年获得第三方资金

约为 3.2 亿欧元，每年举办超过 1000 次科研活动。

联盟科研领域的合作主要依托鲁尔墨尔卡托研究中心（Mercator Center Ruhr）平台进行。通过墨尔卡托基金资助相关合作项目。2015 年建立了首批特色研究重点：材料链与鲁尔探索溶化剂作用。2016 年波鸿鲁尔大学与杜伊斯堡—埃森大学建立了联盟东亚研究中心，2017 年联盟签署了新的科研战略合作协议。同年，联盟通过鲁尔研究院（Research Academy Ruhr）重新架构和拓展了科研后备力量培养的一体化路径，逐步将鲁尔区打造为德国最大的学术中心与学术界和企业之间密切互动的创新中心，并建立了第一个核心科研领域（Kompentenzfeld）"城市研究"，同年联盟成立鲁尔基金会。2018 年卓越战略中的卓越集群 RESOLV 获得二期资助。2019 年孵化出第二个核心科研领域能量——"系统—转换"。2021 年第三个核心科研领域"经验经济学研究"组建。同年成立了鲁尔研究联盟（Research Alliance Ruhr），其共同的关注点为工程学、供应链、材料学以及城市研究。2022 年成立的鲁尔一体化健康研究中心（One Health Ruhr）致力于从分子到系统各层面深入挖掘健康与疾病的基础机制，探讨疾病产生的分子机制，亚健康状态将生态系统视为统一整体，环境健康、动物健康与人类健康的复杂交互关系构成了一体化的健康系统。重点关注分子生物学、水研究、分子癌症研究与神经学。涉及学科包括生物学、化学、医学与环境科学。鲁尔高校联盟为世界各地的学生和科研人员提供了通往鲁尔区的开放门户。通过多年不断探索发展，鲁尔城市群业已成为德国和国际科学研究领域的领先地带。

目前，鲁尔区不仅是德国最大的学术中心，也是促进学术界和企业之间密切互动的创新中心。联盟为世界各地的学生和科研人员提供了通往鲁尔区的开放门户。UA Ruhr 的项目代表国际顶级研究水平，通过不断发展，鲁尔城市群已经成为德国和国际科学研究领域的领先地点。UA Ruhr 提供广泛的前沿研究，超越学科边界并获得国际认可。学科和机构内部之间的合议性质是鲁尔区的真正标志。UA Ruhr 的学生、科学家和学者成为紧密结合的研究机构和公司网络。

表 4-2 鲁尔高校联盟科研机构

材料链特色研究	特色
RESOLV 特色研究	RESOLV 特色研究的目标为研究化学反应、液体阶段的工业化过程与生物过程
Kompentenz 经验经济研究	—
Kompentenz 能量—系统—转换	—
鲁尔研究院	—
鲁尔墨卡托研究中心	该中心的目标为促进鲁尔高校联盟的战略合作，保持鲁尔区可持续发展
埃森文化学研究院	埃森文化学研究院是鲁尔高校联盟人文与文化学跨学科研究的核心机构。该院致力于应用型与实践相关的现代文化研究，不断架设公众与科学对话的桥梁
鲁尔校园	—
全球青年学院	该院汇聚了全球顶尖的科研后备力量。借助跨学科研究小组全球青年学院的成员基于共同的研究兴趣紧密合作
鲁尔双职业网络	—
鲁尔宇宙颗粒与等离子物理学中心	—
鲁尔创意中心	—
非线性动力过程统计学	—
通过资源有限性分析的信息可支配性	—
东亚联合研究	—

此外，鲁尔高校联盟积极实施国际化战略，与 130 多个国家的大学

建立了800多个伙伴合作关系。2009年鲁尔高校联盟在莫斯科设立联络办公室，迈出了国际化的重要一步。为了支持强大的全球国际交流与合作网络，联盟还在北美、拉美和俄罗斯建立了学术联络处。将鲁尔区打造成为全球科研区域是鲁尔高线联盟全新的战略目标。近年来，联盟致力于推动研究、学术和大学之间的合作，旨在提高、促进和加强鲁尔区经济区的可持续发展。

鲁尔高校联盟国际化的主要任务：（1）开辟与拓展鲁尔高校联盟与海外高校的合作研究；（2）研发联合课程与教师研究项目，例如，暑期学校、双学位、交换学生以及教师访学等；（3）支持与促进学术交流与学术合作；（4）促进学生与科研后备力量的学术流动；（5）推动联盟内高校深入了解国外高校与学术社团的研究与教学现状；（6）促进鲁尔区经济与文化区域一体化协同发展。

（三）莱茵—美因大学联盟（RUM）

莱茵—美因大学联盟是由德国莱茵—美因地区的三所大学组成。该战略联盟包括两所综合大学和一所技术大学。该联盟成立于2015年，提供合作高校独特的学习项目和课程。三所高校之间的战略联盟增强了其集体的学术能力。通过联合，不仅加强了该地区的知识交流，还形成了一个强大的网络，将莱茵—美因地区塑造成一个全球可见和具有国际吸引力的学术中心。联盟由30个不同的研究小组和研究网络，以及一个支持项目的倡议基金组成。该联盟目前总共有超过10万名学生，1400名教授，630多个学位课程。从2020年6月开始，这三所大学将允许超过10万名学生同时入学。在三所大学的支持下，莱茵—美因地区将自己定位为领先的科学和研究中心。根据德国研究基金会最新资助统计，该联盟每年在核心学术领域获得的第三方资助金额超过

4.5亿欧元。2007—2013年达姆施塔特、法兰克福大学和美因茨大学的学者总共获得来自欧洲研究理事会（ERC）31项拨款，这是欧盟中最高的研究基金奖。

二、综合性高校与应用技术大学联盟

（一）概况

不同类型的高校组建联盟也是德国高校区域化合作的重要趋势。研究型大学、应用技术大学、校外研究机构组建联盟屡见不鲜，它们被视为区域合作的重要形式，例如，中部黑森研究校园（Forschungscampus Mittelhessen）、上法兰肯技术联盟（Technologieallianz Oberfranken）、法兰克尼亚科学与技术联盟（Franconia Alliance of Science and Technology）。研究型大学与应用技术大学组建联盟的动机常常是其各职能方向扩展的共同兴趣点。应用技术大学鉴于其历史定位在其特色化进程和合作伙伴建构方面往往与经济机构与区域紧密相连。因此，在技术转化层面具有先天的优势。此外，区域内对职业进修需求的不断增长进一步强化了应用技术大学的特色化发展。结构化联合培养博士成为此类联盟的一个合作亮点。

与综合性高校联盟类似，综合性高校与应用技术大学联盟（以下简称应用技术大学联盟）组建与实施同样依靠领导层推动与科研人员的广泛参与。合作通过不同层面的委员会和合作协议进行制度化管理。与综合性高校联盟相比，应用技术类大学联盟的合作往往体现为互补型合作，交叉型合作并不普及，此类联盟内的相互竞争较弱，而更多表现为分工合作。

（二）中部黑森科研校园（Forschungscampus Mittelhessen）

黑森州是德国近代史上具有国际影响力的高校科研区域。州内除了两所具有400多年悠久历史的综合性高校：马堡大学和吉森大学，还拥有德国最大的应用技术大学之一黑森州技术大学（以工程学为特色）。黑森州高校历来重视合作。早在1991年州内三所高校就成立了全德范围最大的科研转化机构——黑森转化中心。随后又成立了科研转化有限责任公司（TransMIT GmbH），并发展为德国最具影响力的跨区域专利利用机构。2005年马堡大学、吉森大学与黑森州技术大学基于已有的项目合作、联合培养与进修合作签署了一系列深化合作协议，由此州内高校的合作走上了制度化的发展道路。2012年马堡大学与吉森大学在区域化深入合作的道路上迈出了结构性的步伐，成立了科研联盟，以促进黑森州内尖端科研的发展。2016年马尔堡大学、吉森大学与黑森州技术大学三校就科研与科研后备力量培养签订了联盟合作协议，中部黑森科研校园联盟正式成立。参与该科研校园联盟建设的两所综合性大学拥有相似的专业研究领域，而黑森州技术大学的专业优势为两所综合性大学所欠缺的工程学。因此，该联盟的合作有助于强化中部黑森地区工程学科研后备力量的培养。此外，联盟积极架构与区域内非高校科研机构合作路径，分别与马堡赫尔德历史东欧研究所、马堡陆地微生物学马克斯—普朗克研究所、巴德瑙海姆心脏与肺部马克斯—普朗克研究所、吉森昆虫生物技术与生物资源马克斯—普朗克研究所建立了长期战略合作关系。当前，联盟在校生为7.2万名，教授960名，第三方资助金额达1.87亿欧元。联盟的战略目标为强化各自的科研特色，促进尖端科研，加速以应用为导向的科研成果转化，不断提升科研基础设施与条件，完善联合结构化培养博士体系，合作推动区域继续教育的深度发展，以此强化中部黑森地区的国际竞争力与吸引力。

（三）德国应用技术大学联盟 UAS7

UAS7 战略联盟七个成员校于 2005 年成立。它的主要使命是促进成员机构的国际化。为了促进国际化发展，各校和机构广泛开展了包括教学和研究的合作、学术会议和研讨会等活动，以及通过实习和海外留学项目进行学生交换。2024 年，其共有 11.5 万名学生，2300 名教授，1.5 万名国际学生和全球近 1200 名上边大学合作伙伴。七个成员校为柏林经济与法律学院、不莱梅应用科学大学、汉堡应用科学大学、科隆应用科学大学、慕尼黑应用科学大学、明斯特应用科学大学、奥斯纳布吕克应用技术大学。

三、高校—校外科研机构联盟

（一）概况

近年来，随着卓越集群的高速发展以及卓越计划高校战略的积极推动，德国高校与校外科研机构的合作呈现蓬勃发展的态势，基于此类合作产出了一系列的全新的联盟，例如，不莱梅高校研究联盟（U Bremen Research Alliance）、哥廷根校园（Göttigen Campus）、德累斯顿计划（DRESDEN－Concept）、尤利斯—亚琛研究联盟（Jülich－Aachen Research Alliance）。差异化的伙伴为联盟合作带来新的发展机遇，一方面高校可以通过与校外科研机构的合作拓宽其科研转化路径；另一方面对校外科研机构而言，高校是其获得高素质科研后备力量的主要途径，高校可以与校外科研机构联合聘用科研人员。此外，联盟还进一步延伸了高校与校外科研机构的研究领域。校内外联盟组建的推动力大多源于成员机构的领导层，进而参与机构签订合作框架协议并形成相应的管理结构。为了支持联盟内的科研合作，参与成员需要相互协调其战略定位。鉴于科研重点以及参与院校的特色差异无法对合作分工进行精确化的划分。与综合性高校联盟相比，高校—校外科研机构联盟内部的竞争关系趋于缓和，且往往局限于不同机构科研人员之间的竞争，而高校—校外机构的联合聘用模式进一步弱化了这种竞争。

（二）不莱梅高校研究联盟（U Bremen Research Alliance）

为了强化区域战略合作网络建设，不莱梅大学与12所高校外研究机构（1所马克斯普朗克研究所、1所赫尔墨霍尔茨中心、3所莱布尼茨研究所、3所弗劳恩霍夫研究所、1所德国人工智能研究中心、1所海洋基础设施保护研究所、1所航天系统研究所以及1所德国航空博物馆）基于前期双边合作交流于2016年结成了多边合作联盟——不莱梅高校研究联盟（U Bremen Research Alliance）。该联盟的目标是形成一体化的科研战略、推动科研基础设施的共享与科研人员的联合聘任、建设联合培养方向、加速科研成果转化进而提高科研质量与管理水平，为科研人员创设自由、创新、持续和合作的优质科研环境。联盟在管理层面通过高校与各合作机构分别签订双边协议来补充联盟协议的空缺。由战略委员会、行政部与基础设施部来管理联盟内部事务。联盟目前拥有员工6000人以上，2万多名学生，2300多名教科人员，形成了四个重点研究方向：海洋—极地—气候研究、材料科学与技术、健康学、大脑—媒体—机器。基础设施共享、卓越的咨询服务、多元化的职业晋升道路、科研创意的快速转化成为德国区域合作示范效应的不莱梅高校研究联盟的核心价值所在。

四、创新尖端集群

（一）概况

与综合性大学联盟和应用技术大学联盟的成员相比，创新集群更多定位于以知识和技术转化为工作核心的非科研领域参与者。因此，该集群涉及更加广泛的企业和机构。就整个集群而言，企业合作是集群建构不可或缺的组成部分。这种合作为科研机构带来应用化研究的机遇。差异化的集群参与者其合作动机不尽相同。企业希望通过集群将知识应用于自身发展并获得更多的高素质人才。高校则希望通过与企业合作提升科研成果的社会效能，并获得更多的资助。且合作产出可以大幅度提升区域教学专业方向的吸引力，使学生可以深入了解当地经济结构，为其创设良好的职业发展机会。

政策在建立集群过程中发挥重要作用。由于经济界的深度参与以及项目对政策资助形式的依赖性，集群的管理深受项目形式、管理模式以及相关指标的影响。创新尖端集群往往拥有双重结构，即战略层面由参与机构科研人员组成的领导层集群委员会，以及负责集群日常工作开展的集群管理委员会。此外，集群的管理体现了分散与参与的原则：多数情况下会有一个核心参与者，其通过单个项目的示范作用，不断吸引新的参与者。集群内部同样需要处理竞争与合作的平衡问题。特别是集群内部企业从事相关或相近行业时，集群应通过竞争前研究找到其共同合作效益。

（二）尖端集群（it’s OWL）

尖端集群是德国联邦政府支持建设的工业 4.0 前沿集群中一个。早在2013年，德国就将工业4.0纳入《高技术战略2020》，并形成了由企业主导，政府、行业协会和研究机构共同参与的产官学相结合的工业4.0支持平台。德国联邦经济部还在全德国建立了25个工业4.0能力中心。位于北莱茵-威斯特法伦州的东威斯特法伦-立伯地区，是德国乃至欧洲制造业的中心。该区域拥有400多家机械、电子、电气等相关企业，年产值170亿欧元。2011年该区域内的5所高校（比勒菲尔德大学、比勒菲尔德应用技术大学、东威斯特法伦-立伯高校、经济应用大学、哈姆—立伯高校）与当地16所科研机构以及近200家企业组建成立it's OWL创新尖端集群，致力于生产技术方案的系统性研发。不同于大型企业的成套技术方案，it's OWL主要面向区域内中小企业，将大型成套方案拆解优化，针对目标企业需求重新组合，形成私人定制化技术配套方案。该集群的目标为提升区域企业的国际竞争力与区域就业力，使更多的科研机构与科研人才落户该区。

it's OWL尖端集群依托协会组织管理。该协会囊括了区域内200多个会员企业。在运行层面则实行类似有限责任公司模式的集群运营模式。it's OWL集群管理有限责任公司负责项目的实施、集群的发展、合作伙伴关系建设和市场。集群董事会负责集群战略发展定位。协会的董事会、集群的董事会由参与机构的领导层以及当地政府部门相关代表组成。科学委员会负责为集群内战略与科研机构的管理问题提供咨询。目前，联盟内大量中小企业均实现了创新技术升级。这些企业依托科研机构，在工业4.0的背景下完成了171个转移项目的开发与生产，形成了德国体量最大的特大集群。

五、科学服务社会计划——美因茨科学联盟（Mainzer Wissenschaftallianz）

为了强化科学与社会之间的对话机制，同时促进科研人员之间的交流，美因茨地区的科研机构与企业组成美因茨科学联盟。美因茨科学联盟是美因茨地区杰出的科学技术转化范例。联盟目前包含5所高校（美因茨古腾堡大学、宾根技术大学、美因茨古腾堡医学院、美因茨大学、美因茨天主教大学），10所研究院，6所科研企业以及5所博物馆。该联盟组建的契机是2011年德国科学基金会举办的“科学之城”评比活动。联盟的组建进一步强化由此形成的合作关系，充分发挥了科学交流与普及功能，并举办了一系列活动：“对话中的人与科学”主题年、“科学市场”等。2013年该联盟成立了涵盖科学、经济和社会各层面参与者的公益协会。美因茨科学联盟依托协会形式进行组织，董事会由当地高校以及校外机构相关负责人组成。莱茵兰-普法尔茨州科学进修文化部与美因茨当地政府积极参与美因茨科学联盟的建构。

六、德国区域高校联盟的共性

德国区域高校联盟的形式不尽相同，然而其共性在于：第一，联盟伙伴存在共性以及互补性，共性意味着合作衔接内容的可能性，而互补性则强调利用各自特色拓展合作领域。联盟组建的基础是相互信任以及共同的研究兴趣，合作基于各成员差异化的研究特色。上述德国区域高校联盟在合作伙伴选择过程中，研究或工作范畴不是建立合作的唯一标准，然而确定合作内容重点是缔结合作伙伴关系的核心。第二，联盟关系内部存在核心推动性成员，其致力于增进合作伙伴间的理解交流，并为此投入自身的资源。该核心成员可以是参与机构的领导层、科研团队或者其他的外部机构（例如，政府部门、基金会等）。第三，联盟伙伴力求通过制度化的框架条件（不仅局限于人员交流的，且不依赖于个人的）建立长期稳定的合作关系。因此合作协议是所有联盟制度化合作结构的基础，并以此确定合作的目标和责任归属。第四，联盟均充分利用与挖掘区域特色，致力于与区域发展捆绑，将区域独特的地理、经济与人文资源进行有效整合，推动联盟与区域的协同发展，打造区域一体化特色国际名片。第五，联盟形成了区域一体化科研建设纲领。在形成研究小组、整合研究资源的过程中，联盟研究者打破学科限制，融合多学科、多视角来考察全球社会性问题；跨越人员与机构的界限，强化了联盟的科研特色，提高了其研究创新能力。第六，联盟从宏观层面致力于科研成果的社会化，克服学术机构、企业、政府与文化的边界。通过技术转让、出版、专利等多样化的渠道形成了以研究集群为基础，以孵化器与加速器为载体，以科研全方位服务为核心，以高新创业公司为成果输出的产学研协同体系，加速了产学研合作推动成果转化的效率，① 极大地促进了德国区域经济文化的创新发展。第七，联盟致力于提高人才培养质量，不断完善科研人员职业发展的一体化措施。高校联盟的成功在很大程度上取决于其强大的科研团队。团队梯度明显，团队成员始终处于动态优化过程中，既包含不同研究领域的顶级科学家，又囊括了处于职业学习期和上升期的各职业阶段的科研人员。联盟支持、资助高校内青年科研人员从博士学习到受聘教授各职业阶段的成长。通过终身教授来吸引和争取优质科研人才。第八，资源共享，不断优化地区科研基础设施与

① 傅茜，聂风华．多位一体的创新集群发展模式：德国亚琛工业大学产学研合作模式的研究与启示［J］．中国高校科技，2019（3）：82-84.

科研服务的共享模式。第九，联盟将区域发展与国际化建设并行。研究课题的国际化、研究合作的国际化、研究成果发表的国际化以及科研人员构成的国际化是联盟建设国际化的重要指标。德国区域高校联盟的国际化一方面体现在学生与科研人员构成的国际化；另一方面还表现在联盟伙伴相互嵌入式的国际化网络建设模式，包括战略伙伴关系建设、联络办公室、卫星校园等。

尽管德国区域高校联盟存在上述共性，然而不同高校建立区域合作关系也存在很大的差异性，例如，合作的深度、管理模式以及区域特色如何影响机构的战略定位等。不同类型的高校在财政支持、管理结构和机构自我定位层面存在差异，因此，其合作磨合需要更长的实践周期。

第二节　德国区域化研究集群联盟建设
——柏林高校联盟

当今时代为人类带来了前所未有的挑战：老龄化、气候变化、城市化等全球化的问题正在不断地交叉化与复杂化，研究并进一步解决这些问题需要多学科、多领域的专业人员以跨学科的研究视角与研究方法通力合作。因而，打破传统学科壁垒、跨越科研机构内部边界、实现强强联合和机构交叉组合已成为时代的呼声。柏林高校联盟的建设是德国跨高校、跨机构、跨学科组合式教学科研的一次尝试，随着相关制度的不断完善和实践经验的积累，近年来该联盟在科研产出、人才培养、区域一体化建设中取得了卓越的成果。柏林高校联盟建设已成为柏林地区高等教育改革与发展的核心战略。该联盟实质上是战略管理思想在高等教育领域的延伸，是成员高校相互借助联盟伙伴资源、社会影响力提升自我，实现资源互补与协作的创新策略。

一、科学之都——柏林

19 世纪，柏林逐渐发展成为国际科学中心，大量的科学文化名人在这座城市留下了他们毕生心血的结晶。诺贝尔文学奖得主历史学家特奥多尔·蒙森（Theodor Mommsen）、医学家鲁道夫·魏尔肖（Rudolf Virchow）与罗伯特·科赫（Robert Koch）、物理学家阿尔伯特·爱因斯坦（Albert Einstein）都曾为科学之都柏林书写了浓墨重彩的一笔。二战后柏林的学术地位开始滑落，直到两德统一，其学术科研才开始逐步重新焕发生机。柏林虽然不是欧洲最大的科研中心，然而却是最多样化的科研之都：柏林目前拥有 40 所高校，其中 4 所综合性大学，7 所应用技术大学，3 所艺术高校与数量众多的应用科学私立大学，以及 20 多个国际性大学的驻外机构。70 多所科研机构也将柏林作为其驻地，其中包括 8 所马克斯·普朗克研究所、6 所弗劳恩霍夫应用研究促进会、3 所亥姆霍兹联合会研发中心、23 所莱布尼茨联合会研究所以及其他知名科研机构，例如，德国考古学研究中心与普鲁士文化遗产研究中心等。此外，柏林地区还拥有 170 所博物馆与科学陈列室，是当之无愧的文化之都。且区域内运营着大量的科研基金组织，这些组织不仅推动了科研项目的落地与实施，还极大地促进了区域内的科研文化建设，如 2009 年，柏林成立了面向跨机构科研项目的柏林爱因斯坦基金会。爱因斯坦基金会主要面向尖端科研领域，资助研究生院项目以及国际访问交流。

今天，依托高校、科研文化机构柏林逐步发展成为德国初创企业之家，这里不仅提供了创新型的科研生态系统，同时亦架设了产学研一体化的多元化合作路径。柏林不仅是德国同时也是欧洲乃至世界的社会、文化、生态、经济发展的“实验室”。①

（一）柏林高校联盟发展概况

柏林地区高校的合作始于20世纪90年代末，为了应对两德统一后体制变革带来的身份建构与发展危机，以柏林理工大学、柏林自由大学与柏林洪堡大学为首的该区域高校尝试进行教学与科研合作。起初的合作仅局限于某些科研项目和临时性的学科内部合作建设，抑或是科研设施的共享。2003年柏林自由大学、柏林工业大学、柏林洪堡大学、欧洲管理技术学院联合柏林社会科学研究中心与德国经济研究中心设立了柏林经济与管理学博士项目。从此，该区域内高校合作进入了制度化、跨学科、结构化的建设阶段。

2006年，德国卓越计划的实施进一步强化了柏林高校的合作态势。特别是2012年卓越计划二期资助阶段，柏林高校合作科研项目发展迅猛，且大量校外科研机构加入了这一阶段的科研项目。这一快速增长的科研合作态势促成了机构融合、系统化合作模式。至此，柏林地区高校以组合式、互补式、学科亲缘式等方式开始深度教科研合作，不断开辟合作研究的新机遇与新形式。②

2018年2月，柏林自由大学、柏林洪堡大学、柏林理工大学与柏林夏瑞特医学院组建成立柏林高校联盟（Berlin University Alliance,

① Berlin University Alliance. Wissenschaftsregion Berlin［EB/OL］. Berlin University Alliance, 2018-02-15.

② Gemeinsame Wissenschaftskonferenz. Pakt für Forschung und Innovation Monitoring-Bericht 2020［M］. Bonn：Gemeinsame Wissenschaftskonferenz, 2020：80.

BUA），这标志着柏林地区迈出了创建创新性融合科教一体化环境战略建设的重要一步，柏林成为欧洲科研建设的领头羊。为了有效开展联盟内的教学与科研活动，四校签订了战略合作协议，形成了理事会负责制的联盟战略管理结构。理事会负责实施一体化的卓越战略：跨越边界，迈向融合性的科研环境。

纵观柏林高校联盟的产生、成长与发展，其经历了大约三个阶段：从高校孤立到尝试合作再到形成高校联盟，呈现为自下而上的渐进式结盟方式。近年来，该联盟科研合作在数量与质量上屡创新高。2019年，在德国高校卓越战略中，柏林高校联盟获得了7个卓越集群，分别为神经疗法（Neuro Cure）、催化作用的一体化系统（Unifying Systems in Catalysis，UniSysCat）、时间社区（Temporal Communities）、手稿（SCRIPTS）、数学+（MATH+）、活动问题：影像空间材料（Matters of Activities：Image Space Materials）、人工智能学（Science of Intelligence，SCIoI），成为德国获得最多卓越集群建设的高校联盟。柏林高校联盟的成功还表现在大量跨机构跨学科研究生院项目的建立。80%的研究生院为两个及两个以上联盟校共建。这些研究生院项目中的10所入选卓越计划一期资助，且6所获得二期继续资助。

表4-3　柏林高校联盟成员校获批德国卓越计划资助项目建设数量

卓越计划	柏林自由大学	柏林洪堡大学	柏林理工大学	夏瑞特医学院
研究生院	5	4	1	2
卓越集群	5	4	3	1

目前，该联盟拥有在校生113，536人，其中国际学生23，254人；教授1678人，联盟每年可获得1500万~2800万欧元资助。

表 4-4　2021 年柏林高校联盟成员校师生与员工数量

柏林高校联盟校	学生数量	国际学生数量	专业数量	在读博士生数量	教授数量	工作人员数量
柏林自由大学	36771	7768	227	732	562	7836
柏林洪堡大学	34963	6137	190	562	481	6770
柏林理工大学	34718	8003	142	481	369	8592
夏瑞特医学院	7084	1346	22	525	266	13882

（二）柏林高校联盟成员院校特色

柏林高校联盟组建的基础是相互信任以及共同的研究兴趣，合作基于各成员差异化的研究特色。联盟成员拥有各自独特的科研传统与学科优势。

成立于 1810 年的柏林洪堡大学是柏林最古老的高校，该校 19 世纪成立之初就建立了包含人文、社会、文化、数学、自然科学、医学、农学等多学科的专业体系。科研独立、融合性的人文与自然学科建设、教学与科研统一是洪堡大学三大特色传统。① 今天，“科学的教育”成为该校的制度化战略，并逐步形成了以综合自然科学、综合生命科学、应用数学、影像科学、法律与社会、持续性研究、古代文明为核心的研究特色。此外，洪堡大学致力于对个体研究者的支持与资助，促使近年来该校大学教授奖与莱布尼兹奖的获得者屡创新高。2012 年起，柏林洪堡大学开始强化对跨学科研究以及大型原创性研究项目的支持力度。为了推动跨学科交流，学校调整了原有的学科结构，重组了部分院系，并建立院系与学科连接的研究机构，例如，柏林融合与移民研究院、综合性研究院等。

① Humbolt-Universität zu Berlin. Überblick ［EB/OL］. Humbolt-Universität zu Berlin, 2018-05-10.

作为德国最古老的大学之一柏林理工大学，其历史可以追溯至弗里德里希二世国王时代。1879 年建校后，迅速发展成为工程学领域教学科研的先锋。其现代化大学雏形诞生于 1946 年，依托传统优势学科逐步形成了工程学与其他学科相融合、大力发展民用科学的研究特色，是德国跨学科研究与跨领域合作的杰出代表，也是柏林地区初创企业与高新技术企业建立与发展的孵化器与助推器。该校学科专业涉及工程学、自然科学、社会学、经济学、人文学等多学科，是柏林地区重要的经济动力体和创新工场。

成立于 1948 年的柏林自由大学将真理、公正与自由作为校训。建校之初，国际化助推其发展，真理、正义、自由成为其核心理念。2007 年，该校两次以"国际化网络大学"入选德国卓越计划建设高校。全球化顶级科研网络的建设与深化、区域内伙伴的紧密合作逐步形成了柏林自由大学的发展特色。此外，关注科研人员早期职业发展与成长，建设跨校、跨专业、跨学科的合作平台也是当前该校发展的核心战略。目前，该校拥有 9 大跨学科研究领域：跨区域关系、文化动力、生物医学基础、复合体系统、材料研究、健康与生命平等、教育过程与产出、安全研究以及人类与环境的互动。依托上述研究领域，该校形成了下列四大聚焦研究中心：达雷姆人文研究中心、区域研究中心、纳米级功能与系统研究中心以及人类年龄的疾病研究中心。此外，柏林自由大学与区域内高校合作建设了 9 个联合研究中心，学科门类涉及自然科学、生命科学、人文与社会学，特别是在人文社会学层面，该校表现突出，目前拥有 4 所人文类研究生院，6 个德国科学研究会人文研究团队，4 个德国科学研究会人文研究训练小组。

柏林夏瑞特医学院的历史可以追溯到 1710 年。2003 年，柏林自由大学医学系并入夏瑞特医学院。柏林夏瑞特医学院目前拥有100个科室、4个校区、3001张床位，是欧洲最大的大学附属医院。在这里，教学、科研与疾病治疗紧密连接。德国一半以上的医学与生理学诺贝尔奖得主诞生于该校。

4所国际科研特色化知名高校形成的柏林高校联盟将柏林打造成为世界科研之城。联盟打破了传统的人事、机构与学科的内部限制，从战略高度层面促进成员校的特色化发展与强强联合。联盟内高校在强化自身科研特色建设的同时通过不同项目以多样化的方式进行跨学科合作，实现了区域内教科研协同一体化发展，并逐步形成区域化科研特色，对柏林地区乃至全德国的人才培养、科研创新、资源与基础设施共享、科研成果转化与数字化等方面发挥了巨大的作用。

（三）柏林高校合作联盟建设战略与措施

通过强化合作不断开辟创新性研究成果与塑造未来是柏林高校联盟的目标。为此，联盟依托科研资源优化重组与各成员校学科特色的有机结合，进行了大刀阔斧式的结构化改革，形成八大核心发展战略和与之相适应的措施。

战略一：形成柏林区域一体化科研建设纲领，以跨学科多模态合作方式应对全球化社会问题。

全球化问题是涉及全球地域范围的一系列不同社会领域产生的相互交叉性问题。这类问题的典型特征是多样化的构成主题、高度的复杂性、相互依存性、多元化的解决方案。且这类问题不受地域与政治疆域限制，很难阐释其精确的现状与目标。研究与解决全球化问题需要不断创新，而科学创新的前提是打破僵化的结构，不断创设跨学科与超学科的科研组织形式与机构形式。美国学者米歇尔·吉本斯

(Micheal Gibbons) 认为科学是将传统的、相互割裂的学科模式逐渐转变为以实践为导向的跨学科产出模式。[①] 柏林高校联盟在形成研究小组、整合研究资源的过程中，研究者打破学科限制，融合多学科、多视角来考察全球社会性问题；跨域人员与机构的界限，整合了大量非高校研究机构和非学术研究伙伴，强化了联盟的科研特色，提高了其研究创新能力。

其主要措施有，第一，设立全球化问题办公室，不断强化研究平台建设，保持研究结构与研究主题的持续性；第二，开发项目，促进跨学科、跨机构项目合作与网络建设，支持多样化与定制化的研究网络与研究项目的开展，为项目提供灵活多样的资助形式；第三，设立爱因斯坦研究小组，并通过爱因斯坦研究基金资助该研究小组跨学科与跨机构高水平研究项目，以此促进联盟内高校合作的结构化与持续化；第四，设立爱因斯坦战略教授奖学金，用以资助联盟内高水平教授与跨学科科研团队的招募与建设。

战略二：促进知识交换，建设以柏林为中心的科研与知识转换多方向与多路径模式。

知识交换不同于知识转化，它是一个多方向的过程，学术观点与研究结果向外输出与向内反馈过程，即一方面通过科学创意与科研成果向外输出；另一方面外部的视角和经验又会向内反哺科研。为了促进柏林地区经济文化发展，联盟内各成员校均建立了自身独立的科技转化机构，这些机构提供广泛的服务内容，包括咨询、科研人员培训、企业家孵化空间等。联盟则从宏观层面致力于科研成果的社会化，克

① NOWOTNY H, SCOTT P, GIBBONS M. Wissenschaft neu denken: Wissen und Öffentlichkeit in einem Zeitalter der Ungewißheit [M]. Weilerswist: Velbrück Wissenschart, 2004: 117.

服学术机构、企业、政府与文化的边界。通过技术转让、出版、专利等多样化的渠道形成了以研究集群为基础，以孵化器与加速器为载体，以科研全方位服务为核心，以高新创业公司为成果输出的产学研协同体系。这种产学研合作模式集聚了大学、科研机构、文化机构、企业等诸多主体的协同互动，构建了技术熟化、成果转化、项目孵化的全产学研合作链条，提高了产学研合作推动成果转化的效率，极大地促进了德国柏林区域经济文化的创新发展。

主要措施有，第一，设立知识交换办公室，强化各学科知识的交换；第二，强化科学交流，激发公众的学术研究意识，促进科学知识的普及与大众化；第三，研究论坛常态化，搭建跨学科合作平台，不断叠加新的研究价值，例如，洪堡论坛成为文化知识交换的核心机构，洪堡实验室则成为联盟内展示科研成果与科普的杰出平台。

战略三：提高研究质量和研究价值，整合并形成统一的科研质量标准与科研价值判定。

科研的杰出性取决于方法论的标准、社会责任感、尖端科研过程以及独特的创新。[1] 就联盟而言，促进研究质量提升意味着确定共享的措施、指标和标准，以及在实践中不断设立、实施、测试与修正相关措施与指标，找到创新与原创、标准与责任的平衡。柏林高校联盟遵循促进提高科研价值、质量、融合性和可信度一体化的战略，将确保和改善研究质量过程，获取研究资料、研究反响以及研究数据作为其杰出科研的一贯标准。

为了实现该目标，联盟采取的措施包括，第一，设立开放与责任

① Die "Forschungsorientierten Gleichstellungsstandards" der DFG：Zusammenfassung und Empfehlung 2020［EB/OL］. Deutsche Forschungsgemeinschaft，2020-04-20.

研究中心，提高研究质量；该中心将联盟内各合作伙伴不同学科的专业知识进行捆绑，形成促进科研价值管理的基本措施，并借助科研实践与科研质量反思不断完善该体系。第二，科研质量的研究与反馈，开展基于特定参数的元研究，进行研究质量的评估。第三，柏林开放 X 倡议，建立促进开放性科学价值的文化体系，促进科学研究的开放性。

战略四：促进人才培养，不断完善科研人员职业发展的一体化措施。

柏林高校联盟的成功在很大程度上取决于其强大的科研团队。团队梯度明显，团队成员始终处于动态优化过程，既包含不同研究领域的顶级科学家，又囊括了处于职业学习期和上升期的各职业阶段的科研人员。联盟支持、资助高校内青年科研人员从博士学习到受聘教授各职业阶段的成长。通过终身教授来吸引和争取优质科研人才。

第一，联盟下设柏林研究生院，借助跨学科结构化的模式培养博士生，并建立青年研究小组推动博士后培养。优化结构化博士培养模式与条件是联盟未来人才培养合作的核心内容。柏林自由大学的达雷姆研究院与柏林洪堡大学的洪堡研究生院，以及柏林理工大学的博士生院是科研人员早期职业支持的中心机构。三大研究院近年来不断深化合作，开展了一系列博士结构化培养项目与跨院校课程，效果突出。通过卓越计划研究生院项目与博士生项目，博士生、博士后、青年教授紧密地形成了跨学科研究学术体。截至 2024 年联盟拥有 100 多个跨学科结构化培养模式的研究小组、研究生院、博士生项目，如柏林自由大学与柏林洪堡大学共建的“全球知识分子史”研究生院。其中柏林自由大学主要提供全球史、亚洲史、伊斯兰国家史以及拉美国家史方面的课程与研究，而柏林洪堡大学则负责非洲史、东南欧史以及经济史与社会史等教研。柏林古代研究小组是由柏林自由大学与柏林洪堡大学共建的。该研究小组依托自由大学的达雷姆研究院和洪堡大学的洪堡研究院平台开展相关教学与研究。第二，不断完善博士后职业发展支持，通过设立职业发展奖、柏林教授奖励等举措，加强高水平科研人员的培养与吸纳；设立了终身教授职位，以赢得优质科研人员，保证科研团队的高水平性和相对稳定性。

战略五：资源共享，不断优化柏林地区科研基础设施与科研服务的共享模式。

杰出科研的前提是拥有高质量的研究基础设施，同时基础设施决定了吸纳优质科研团队与资助的力度。科研基础设施包括大型科研设备、知识资源（收藏馆、图书馆、档案馆）、信息与交流平台（开放的体系与研究数据管理）、研究场地等。柏林地区提供了全球范围内具有竞争力的涵盖多学科的研究基础设施，其博物馆与收藏馆数量达到了世界水平。柏林科研资源共享的核心优势在于区域科研基础设施的可用性与有效性。为了充分利用优质资源，联盟系统规划，为盟内成员提供合作资源与服务。

主要措施有，第一，整合相关学科设备、数据与服务为跨学科合作提供条件。强化研究基础设施建设，优化研究社区，依托先进的研究基础设施不断促进跨学科研究交流，提高联盟科研建设、项目申请以及研究资助的竞争力。第二，盟内下设资源共享中心，负责整合与推动科研基础设施与科研服务最大化合理利用，其服务包括大型设备使用、数据管理、出版与 IT 服务。以数据管理为例，柏林大数据中心（成立于 2014 年）、爱因斯坦未来数据中心（成立于 2017 年）、网络化社会研究院（成立于 2018 年）均为开发数字化转换提供各层面的基础设施与服务。为了应对全球化大数据发展趋势，柏林大数据中心创造了促进深入分析异质数据的解决方案，培养数据科研人员；爱因斯坦未来数据中心将柏林地区的学术机构与工业企业连接；网络化社会研究院深入研究不断发展的数字化带来的社会影响，并为国家政策与经济发展提供相关战略决策建议。

战略六：多样性与性别平等，促进科研生态的和谐均衡建设。

机会均等是建设联盟内科研体系中平等性别关系的核心理念。柏林高校联盟的平等政策可以理解为以下三个层面：第一，以科研为导向的平等标准。这是高校联盟人事与结构措施平等化发展中的重要依据，由此极大地推动了柏林地区科研体系结构与行动模式的系统化发展。第二，保证各级管理委员会女性的比例。第三，高质量的平等理念，避免隐性性别歧视。

为此，柏林高校联盟制定了系统化的战略措施用以促进联盟内部研究团队多样化与研究成员平等性。第一，充分发挥科研人员的才能与创新潜力；基于多样性视角、经验与能力构建科研团队，推动科研进程，保证科研质量；联盟下设多样性与性别平等办公室，致力于推动创建多样化、性别平等的科研环境。第二，制定多样化、差异化、可持续性的科研评价标准，以保证女性科研从业人员学术道路的持续性与稳定性；创设家庭友好型的科研工作岗位。协调因家庭原因（产假，育儿假）产生的工作中断或非全职工作。延长学业时间，宽松处理学术出版物不足，出于家庭原因缩短海外访学时间等。第三，助力女性科研人员职业发展，提高项目领导层的女性比例，资助科研团队中女性科研后备力量培养。2008 年起柏林地区高校就开始实施“女性科研与教学职业化：指导—培训—合作”项目，帮助女性科研人员从职业规划、领导力培养以及项目管理等方面获得成长。第四，联盟各成员校均拥有各自的性别研究中心，采用跨学科的方法深入探讨性别研究的不同方面。

正是基于这些措施，2017 年，柏林自由大学与柏林洪堡大学在德国杰出女性与科研机会平等排行榜中拔得头筹。柏林理工大学女性教授数量位列德国九所理工类精英高校中第二位。

战略七：区域性联合培养与国际联合培养相结合，促进以科研为导向的教与学。

柏林目前拥有约 18 万名大学生，是德国当之无愧的大学城。其中 10 万以上的为柏林高校联盟内学生。四校联合培养模式统一了联盟内的学制与学分体系。学生选择联盟内某一高校作为主校，其余三校自动成为其培养分校。盟内学生可以选修四所高校课程，参加相关讲座，参与特定项目，利用各校资源。联盟内成员校在优化自身教学条件的同时，鼓励学生积极参加盟内其他高校相关课程（尽管尚存在一些固有的规划管理问题，如仅有少量学位专业由多个院校联合培养，且学位层次往往局限于硕士以上）。目前，联盟内下设的本、硕联合培养专业方向共 9 个，博士生联合培养方向约 40 个。柏林高线联盟将共同开发新的专业方向作为联盟研究空间集成的重要目标。

表 4-5 2021 年柏林高校本硕联合培养专业方向

学位	专业方向	联合培养院校	涉及学科
学士，硕士	媒体 计算机学	柏林理工大学，柏林自由大学，柏林洪堡大学	数学，信息学，媒体技术，媒体交际社会学等
硕士	计算机 神经学	柏林理工大学，柏林洪堡大学，夏瑞特医学院，柏林伯恩斯坦计算机神经科学中心	数据分析，计算机模拟大脑功能

续表

学位	专业方向	联合培养院校	涉及学科
硕士	生物信息学	柏林自由大学，夏瑞特医学院	生物科学，医学，数学与信息学
硕士	全球史	柏林洪堡大学，柏林自由大学	历史学，文化学
硕士	统计学	柏林洪堡大学，柏林理工大学，柏林自由大学，夏瑞特医学院	应用统计学方法研究，金融市场发展与舆论变化
硕士	国际关系	柏林自由大学，柏林洪堡大学，波茨坦大学	国际关系的理论与方法，国际政策
硕士	公共健康	夏瑞特医学院，柏林理工大学，艾丽斯·萨隆木大学	患者的系统与结构、健康饮食、健康政策
硕士	聚合科学	柏林自由大学，柏林洪堡大学，柏林理工大学，波茨坦大学	化学，物理与数学
硕士	欧洲学	柏林自由大学，柏林理工大学	历史学，国际关系，文化学

推动联合培养的主要措施有，第一，柏林高校联盟合作课程与项目，鼓励学生联盟内跨校选课，多渠道吸收相关学科知识。第二，柏林学生研究项目，培养学生参与相关科研的意识，并创设科研渠道，促进尖端科研与教学服务于学生学习与研究。科学的学习不仅仅是传授专业知识，而应该是教学与科研深度融合。柏林高校联盟将尖端科研与教学相结合，强化杰出科研人员之间以及科研人员与学生间的相互交流机制，为学生创设最佳的学习与科研环境。学生从一入学就有机会了解大型尖端科研项目，并逐步发掘个人的科研兴趣。大学生科研项目就是将尖端科研与专业学习统一的成功典范，在深入研究的基础上完成个人学士或硕士论文。

战略八：加速国际化战略的进一步发展。

研究课题的国际化、研究合作的国际化、研究成果发表的国际化，以及科研人员构成的国际化是联盟建设国际化的重要指标。柏林高校联盟的国际化一方面体现在学生与科研人员构成的国际化：国际硕士生达 23.4%，国际博士生达 32.5%，洪堡基金会 2020 年调查显示，柏林高校联盟是德国接受国外访问学者最多的高校。另外，联盟的国际化还表现在联盟伙伴相互嵌入式的国际化网络建设模式。国际化网络发展战略包括战略伙伴关系建设、联络办公室、卫星校园等。2020 年 6 月，柏林自由大学与北京大学签署了区域与国别研究合作协议，这一举措被视为联盟发展未来战略伙伴的国际化的新阶段。

柏林高校联盟国际化战略合作措施涵盖：第一，设立柏林全球参与中心，旨在强化联盟国际声望，不断吸引全球优秀科研人员与团队，拓展全球合作伙伴与合作项目。第二，强化合作伙伴建设战略，提供国际水平的研究合作机会，提高联合出版的数量与影响力，通过与顶级科研机构的合作实现联盟战略发展的均衡。第三，提升全球竞争力，不断促进研究项目的成功申请，强化与欧盟高校与科研机构的战略合作。

从深入的跨学科与跨机构合作尝试到联盟战略化建设实践，柏林高校联盟在推动教科研协同化发展、基础设施服务共享以及区域一体化产学研融合等方面体现出巨大的优越性。联盟合作在解决重大科学问题、创设创新性支持结构、吸引杰出科研人员等方面发挥的能力远远大于单个成员。四校共建的一体化教学科研平台拥有更加海量的知识储备和更加差异化的学科背景，区域内合作模式的共建克服了空间距离带来的交流障碍。通过分享目标、统一战略规划、合作化管理模式，成员优势互补，跨越高校院系与学科界限，高校、校外科研机构、博物馆、文化政治机构以及相关企业构成了合作化建设发展统一体，形成了柏林融合一体化的区域科研空间。融合性科研环境的建立有利于扩展联盟各成员的发展机遇与发展潜力。在过去的 2 年里，联盟为柏林作为世界科研之城赢得了大量卓越的科研人才，联盟高校的国际化程度与竞争力得到持续提升。

柏林高校联盟已成为柏林地区发展与创新的核心与驱动力。未来，联盟将致力于把柏林当前合作文化转变为德国全新制度化的特色发展体，进而打造德国乃至欧盟科研文化区域一体化建设的标杆。

第五章

数字化时代的高校联盟

近年来，伴随着德国数字化教育战略以及区域数字化协同战略实施，德国高等教育数字化转型与区域教学联盟成为跨学科研究的热点。数字化正在改变德国高等教育的格局。2011 年起德国高等教育进入全面数字化转型期，联邦政府相继出台了一系列政策文件，比如《数字战略 2025》《教育世界 2030》《数字化世界中的教育》《教育行动战略》等，文件从国家顶层设计、教育教学改革与教育行动等层面对数字化转型提出明确要求和建设路径。2014 年德国联邦政府颁布了《数字化行动议程（2014—2017）》（Digital Agenda 2014—2017），从而确立了实施数字化改革的初步方案，开始从国家战略层面明确了数字转型的基本思路和改革依据，并充分利用国际优势促进数字教育的对外输出，从而推动了数字化创新的国际合作。

2016 年德国各州文教部长联席会议（Die Kultusministerkonferenz，简称 KMK）发布的“数字世界中的教育”战略聚焦教育的五大行动领域：师资培养、培训与继续教育、教育媒体、基础设施和设备、法律框架。同年 10 月，德国联邦政府启动了教育数字化行动框架“数字型知识社会教育战略”（Bildungsoffensive für die digitale Wissenschaft）。该战略立足大力促进数字化技能培养与挖掘数字化在各层面教育领域的潜能，力图通过数字化来推动德国教育国际化，并基于以上目标确定了5大行动领域：数字化培训教育、数字化设施、法律框架、教育组织和机构的数字化、国际化。2017年的“数字高等教育计划”（Digitale Hochschulbildung）通过构筑高等教育数字化的宏观战略框架、激发高等教育数字化的创新潜能、扩展学科教学的数字化应用范围、利用大数据和人工智能，促进高等教育更加开放、公平、高效和国际化四个阶段实现以技术治理为核心的高等教育4.0数字化转型。① 该计划将数字融合与产业升级的核心动力指向人才培养与改革，并对未来劳动者提出了三种能力需求，即数字能力、超学科能力和终身学习能力。数字能力指能够认知数字信息和运用数字工具，能够在法律框架内制造、处理和反思数据，进而解决工作中的问题和任务。超学科能力除了指智能工作环境下应当具备的宽泛的硬性技能，还包括协调能力、管理能力、合作能力等软性能力。终身学习能力保障劳动者能够适应未来不断变化的工作需要。鉴于这三种基本能力，教育4.0必须建立在三大支柱之上，即数字能力教育、信息科学教学与媒体教育。数字能力教育应与各专业领域和学科的知识内容相结合，跨学科地培养人对数字信息以及工具的运用能力。信息科学教育为人们适应未来的技术更新打下理论基础。媒体教育主要教人们如何利用媒体、辨别媒体信息并加以反思。

---

① 陈正．德国博士生创新能力培养模式探析［J］．高校教育管理，2012（1）：51-58.

第一节 德国北威州数字高校联盟战略的实施、反馈与演进

德国北莱茵-威斯特法伦州充分调研数字化资源在教学中的应用、评估与反馈后，于 2016 年发布了《教育可持续发展—未来学习》（Bildung für Nachhaltige Entwicklung- Zukunft Lernen）战略，并于 2020 年进一步修订。该战略将数字化转化作为学校教育的重要组成部分。通过数字化实现广泛的、包容的、个性化以及独立建构的学术培养路径，不断提升学习动机与学习效能，培养学生当前以及未来应用数字技术的能力与批判性反思能力。2021 年北威州内高校签署了《北威州高校协议 2026》（Hochschulvereinbarung NRW 2026）。基于该协议启动了北莱茵-威斯特法伦州数字高校战略联盟合作项目。

一、DH. NRW 的概况

DH. NRW 战略联盟是由北威州内 42 所高校以及州文化科研部组成。42 所高校涵盖综合性大学、应用技术大学、理工大学、医学院、音乐学院与艺术学院等院校。联盟遵循跨高校教学、科研、管理数字化理念与全面数字化进程的合作发展目标，通过合作实现创新。① 依托自上而下的渐进式结盟方式不断推进高等教育数字化转化，架设数字化合作与资助项目的平台，连接州内高校数字化教科研发展成果，深化其数字化合作范畴，推进成员校教学、科研、管理数字化进程，不

① Digitale Hochschule NRW. Wir sind die Digitale Hochschule NRW [EB/OL]. NRW, 2021-09-22.

断建构与完善北威州跨高校数字化服务结构。2022 年联盟发布了《北莱茵-威斯特法伦数字高校联盟开放获取战略》。该战略指出在北威州数字高校联盟框架内进一步促进教学数字化建设、强化科研数字化资助力度、不断完善数字化基础设施、推动北威州高校数字化转化是联盟未来的四大行动领域,[①] 并基于上述行动领域设定了具体的建设措施，以保障高校数字化转化政策落地。

DH. NRW 的快速发展得益于北威州州政府政策的大力支持。北威州文化科研部与州内高校开展深度合作，共同塑造学习、教学、研究和管理领域的数字化进程。2019 年以来，北威州一直开展“数字化攻势”战略资助项目（Digital Offensiv），州政府于 2019 年至 2021 年每年向项目获批高校提供 5000 万欧元支持其数字化进程。2022 年以来每年 3500 万欧元。此外，依托“数字化协议”项目为州内大学、应用科学学院以及艺术和音乐学院提供额外资助。2021 年，在北威州文化科研部的支持下，DH. NRW 设立了“国家倡议 fdm. nrw”计划。fdm. nrw 是北威州数字化战略的重要组成部分，也是在开放教育与开放科研背景下高校捆绑式战略发展的中心协调点。其总部位于杜伊斯堡-埃森大学的图书馆，致力于支持北威州数字高校联盟与其他参与者的合作与协调，以便在中长期内建立并成功实施全国性的研究数据管理，进而纳入国家总体战略。

2023 年，在“开放获取”和“开放科学”的宏观政策引领下，教育教学实践成果与科研成果的可访问性、透明度、可重复性和可重用

① Digitale Hochschule NRW. Open Access und Open Science [EB/OL]. NRW, 2022-03-06.

性被确立为州内高校教研数字化建设的核心标准。① DH. NRW 积极探索开放获取科研成果、开放科学以及开放教学实践的优化路径，不断完善数字化教科研质量保证标准、开发最佳应用场景，为教科研人员提供高质量的服务。同年北威州组建了由各高校校长、校长会议代表、科学家、开放获取专家和大学图书馆代表构成的开放工作组（AG Openness）。工作组在第一阶段制定了“北莱茵-威斯特法伦州数字化高校联盟的开放获取战略”；在第二阶段（从 2023 年 9 月起）进一步推进开放科学。

二、DH. NRW 组织运营结构

DH. NRW 通过董事会、项目委员会、计划委员会、信息—传播—媒体代表委员会、数字化转型咨询委员会、支持机构（业务部、四大输入小组）、项目落地机构（州教学门户、数字化支持合作委员会）密切合作展开联盟工作。董事会负责制定、推进联盟的战略决议与合作目标，由州校长会议、成员校的大学总务长会议以及文化科学部选举的 10 名代表组成。项目委员会、计划委员会、信息—传播—媒体代表委员会、数字化转型咨询委员会是联盟的四大核心机构。项目委员会负责制定项目主题与项目计划，推动联盟内的合作事务，为董事会确定项目资助提供建议。项目委员会由成员校的专业代表以及文化科学部的授权代表组成。计划委员会就合作协议的行动领域及其相互依赖范围内的所有主题向董事会提供相关技术和内容建议。其任务包括以

① Programmausschuss der DH. NRW Geschäftsstelle der DH. NRW. Positionspapier 2022: Vision, Mission und Thematiken der Digitalen Hochschule NRW [EB/OL]. NRW, 2022-04-12.

下几点：评估当前主题并确定未来主题；向董事会提交决策提案作为其决议的基础；设定资金资助额度；促进建立和扩大跨高校“数字服务基础设施”的合作措施和服务；激发和引领跨高校的跨学科讨论。[①]其成员由 DH. NRW 的四个输入小组以及文化科研部选派。信息—传播—媒体代表委员会依托战略性与专业性专家意见支持 DH. NRW 内各委员会与机构的各项工作，成员由联盟成员校选派。数字化转型咨询委员会是 DH. NRW 成员的组织机构，它对成员校的数字化转型和相关状况有全面的了解，是 DH. NRW 成员之间信息沟通的机构。

业务部主要负责项目开发、实施以及高校联网。作为联盟的支持机构，该部门负责实施董事会、计划委员会与信息—传播—媒体委员会的各项工作，并通过提交建议和准备政策文件来配合 DH. NRW 的战略实施和运营发展。此外，业务部协助推进和建立高校合作过程，并支持成员高校实施资助项目。作为北威州数字化攻势的一部分，该部门就持续的资金需求提供建议，是成员高校和合作伙伴的联系人。四大输入小组是项目创意与合作的支持者，分别支持 DH. NRW 的四个行动领域。

州教学门户（Open Resources Campus，ORCA. NRW）与数字化支持合作委员会是两大项目落地的机构。ORCA. NRW 负责数字化教学产品研发以及数字化合作的落地。数字化支持合作委员会主要负责 DH. NRW 的行政工作。

---

① Programmausschuss der DH. NRW Geschäftsstelle der DH. NRW. Positionspapier 2022: Vision, Mission und Thematiken der Digitalen Hochschule NRW [EB/OL]. NRW, 2022-04-12.

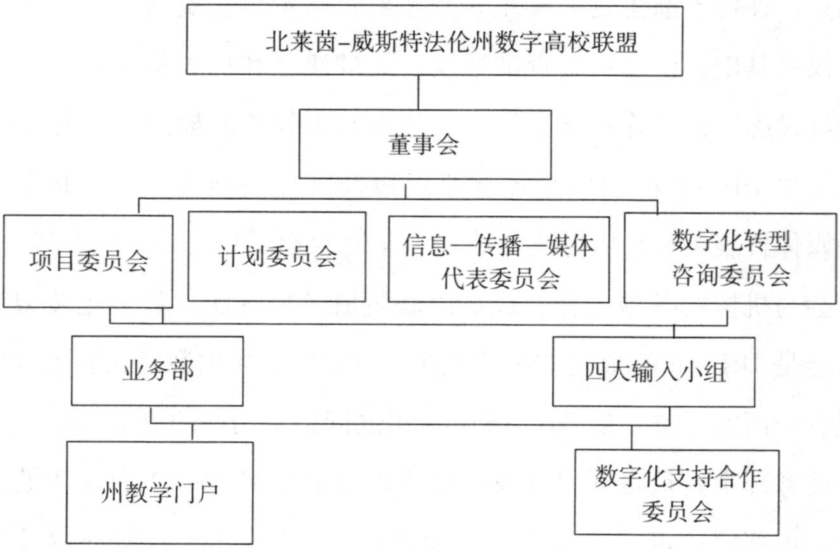

图 5-1　北威州数字高校联盟组织结构

三、DH. NRW 联盟的可持续运营与特色化建设

（一）可持续教育的核心理念

数字化的深度发展对高校教学提出了新的培养要求，即培养可以适应并积极参与未来数字化工作与生活环境的终身学习者。北威州于2016年制定了《可持续发展教育—未来学习》战略，致力于系统推进可持续发展教育进程。可持续发展教育帮助受教育者学习可持续发展需要的科学知识、学习能力、价值观念与生活方式，进而促进社会、经济、环境与文化的可持续发展。① 可持续发展教育育人目标是培养学习者形成可持续发展素养。全人发展与终身教育是可持续发展教育的

① Nationale Plattform für nachhaltige Entwicklung. Bildung für nachhaltige Entwicklung – Ein Kompass im digitalen Wandel unserer Gesellschaft ［EB/OL］. Stiftung Bilclung，2021 – 10 – 27.

核心理念。2021 年 11 月州内高校签署《北威州大学协议 2026》，承诺积极践行《可持续发展教育 2030》，遵循可持续发展教育模式，将“可持续传播”“技能发展和教育资源”行动领域与数字化教学相结合，通过跨媒体和目标群体为导向的沟通，让可持续发展教育在州内高校得到充分的认可，并努力在教育过程中实施，助力学生和教师的可持续发展能力（处理数据、信息、媒体和流程的能力）的提升。通过开放数字信息和教育资源支持正式和非正式学习，促进形成包容、公平和高质量的教育，不断发展与扩大数字化学习社区。

（二）跨高校开源平台支持软件的研发与运营

2022 年北威州建立基于 GitLab 软件开发与 DevOps 平台的中央跨高校服务器，以支持高校的研究、学习、教学以及技术与管理安全方面的 IT 运营。开源平台 GitLab 支持基于团队的软件开发，并对北威州的所有高校开放。除了版本管理之外，该平台还包括支持敏捷协作、测试软件、提高安全性、提高质量、记录和发布代码的功能。

同年，由州内亚琛工业大学、科隆工业大学、杜伊斯堡埃森大学、科隆大学、威斯特伐利亚-威廉明斯特大学联合开发了 GIT. NRW 项目，依托中央 GitLab 开发，运营培训和继续教育产品，从而实现跨校跨机构软件开放、研究数据管理、研究项目管理和教学，为联盟高校及其合作伙伴提供了一体化无门槛服务。此外，该平台还提供其他网络中央服务。例如，数字时代大学教学法的培训课程以及法律信息咨询。在这里，可以找到有关版权（例如 CC 许可证）或数据保护等主题的大量信息材料和培训。2023 年，以亚琛工业大学为核心联合州内 21 所高校研发了数据备份 Datensicherung. NRW 软件，为跨高校数据备份中技术开发、组织提供了解决方案，满足跨院校数据处理查询。该软件对联盟成员校开放 OTRS 票务系统，进而实现了跨高校票务系统的行政支持和支持扩展。跨校软件开发平台的研发与运营极大地推进了联盟的数字化进程，提升了联盟一体化的发展质量，保障了联盟数字化教学、科研、管理的高效推进。

（三）一体化开放教育实践门户的建构

北威州开放资源校园（Open Resources Campus NRW，ORCA. NRW）是州内成员高校紧密合作进而建立的数字化教学门户。以强化专业学术社区建设、持续资助数字化社团项目、深度开发教学产品为发展方向，即依托创建数字化基础设施与服务设施支持与资助成员校创造、建设、利用高质量数字化教学产品。ORCA. NRW 教学门户的优势，就学生而言：①更轻松注册，学生可以在北威州的所有高校完成数字化注册学习。从 2023 年起，所有学士和硕士学位课程的申请和入学注册过程均以数字化方式进行。②依托 ORCA. NRW 平台打造完善的课程教学、评价与考核体系。支持从入门到高阶段专业化在线学习。③数字化课程可以对线下教学进行补充与扩展。④习得媒体和数据技能。⑤各高校在线课程学分互认。对教师而言：①通过不同高校教师之间合作形成了教学网络和知识交流社区。②简单、无门槛地访问教学资源（开放教育资源）。③便捷地获取数字化课程建构与实施的法律建议，例如有关许可证和在线考试的法律建议。④支持开发复杂的跨高校电子学习产品。

门户平台建设始终以满足和支持用户需求为导向。教育工作者可以与他人分享自己的教学资源，或者将平台内的开放教育材料纳入自身的教学中。学生利用门户网站在线评估测试知识水平，进而更好地对自己的学习情况或知识进行分类，例如：WINT-Check 数学可以检测

13 个不同知识领域的学习相关的先前知识，并提高学习者对 WINT 科目（经济学、计算机科学、自然科学、技术）要求的认识。语言和文本理解知识测试为各学科的学生提供了初步检测，以评估他们现有的知识是否足够满足其学习需求。评估后推荐学生学习相应数字化课程。课程大多额外设置了情景游戏、扩展材料支持个性化学习。此外，门户网站上还为学生提供了一系列的支持信息，例如中央学生咨询服务的概览图等。

开放教育资源的交流与研发是当前平台发展的核心，与各成员校学习管理系统的无缝对接是平台基础设施建设的首要任务，而现有资源的个性化、适应性、评估、反馈与融合则是其工作重点。与传统开放教育资源计划相比，ORCA. NRW 建设的特色在于开放教育资源的再次利用和进一步系统化开发资助。通过“OERContent. NRW”项目定期招标，择优资助不同类型（从小型教学模块到完整的慕课）的开放教育资源建设。2023 年，OERContent. NRW 资助热线第三轮提案征集反响良好：州内高校共提交了 68 份申请，其中 12 份获得资助。此批项目于 2023 年 9 月 1 日启动。获批高校通过两年时间实施这些项目。项目完成后，其整合形成的数字教育资源将发布在 ORCA. NRW 平台上。ORCA. NRW 是北威州数字化高校联盟教学领域数字化战略的核心，它显著深化了州内高校之间的合作，极大地推动了州内高校数字化教学资源的整合与开发。此外，ORCA. NRW 的另一个组成部分是国家流媒体服务 educast. nrw，它停靠在明斯特大学。educast. nrw 的目标是建立全国性数字化学习和教学的服务，促进电子学习形式的跨高校合作，例如在线课程、学习视频或虚拟实验室等，进而为高校数字化教学在德国全境范围内的整合做好准备。

（四）跨学科特色数字化课程建设

依托州教学门户 ORCA. NRW，联盟成员校积极研发数字化课程。首先，联盟数字化课程注重系统化。由伍珀塔尔大学、亚琛应用科技大学、帕德博恩大学、南威斯特法伦应用科技大学、西鲁尔应用科技大学强强联合研发了电气工程课程“GET it digital”。该课程致力于针对电气工程基础知识开发系统化数字教学产品。通过完整课程体系的建构，辅助互动学习资料使学习者对抽象的课程内容获得全面、清晰、深入的理解。其次，DH. NRW 的数字化课程关注跨学科培养。由州内 15 所高校创建的 ViviPro 课程创设了无障碍、教学连贯、结构化和模块化的语言数字化教学体系，实现了生物学、艺术学和语言学习的跨学科培养。该项目是针对北威州有移民背景学生德语习得（DSSZ）的模块化教学。视频片段是该在线课程的重要组成部分，系统地展示了语言教学中相互关联的情境，因此满足了 DSSZ 模块中针对不同学科建构在线课程和视频片段的需求。项目建设的在线课程可以由学生作为自学课程补充到现有课程中，也可以由教师整合进入现有的课程体系中。此外，联盟的数字化课程积极实践趣味教学。由多特蒙德工业大学、波鸿鲁尔大学和杜伊斯堡-埃森大学研发的鲁尔区地理坐标课程“GameBLe EduCache”，依托游戏模式，采用地理藏宝原理（使用 GPS 坐标进行寻宝游戏），通过重复深化学习内容、回答技术问题以及对材料、所使用的技术、空间和历史条件进行现场分析来习得鲁尔区的位置坐标。

丰富的跨学科数字化课程不仅对高校线下教学进行了有益补充，同时提升了北威州高校数字化课程的知名度和竞争力，进而成为德国区域开放教育的实践标杆。近年来，为了持续强化教师数字化课程研发能力，联盟不断优化跨高校数字化能力提升的模块化线上课程，资助相关主题日、工作坊、学术会议，促进联盟校数字化课程建设、教学考试数字化模式交流。

（五）创新创业竞赛助力联盟数字化教研成果转化

北威州是德国最大的环境经济初创企业所在地，以环境为导向的初创企业是绿色经济的创新驱动力。州政府希望进一步提高绿色初创企业的创新潜力，于 2023 年推出了绿色初创企业资助竞赛（Green Startups. NRW）。该竞赛于 2023 年 3 月启动，聚焦北威州的经济和生态景观建设，旨在支持初创企业开发有助于气候、资源和环境保护的新方法、技术、流程和服务。资助项目主题范围从环保交通、农业到循环经济、能源效率、能源储存和资源管理。北威州数字高校联盟发挥盟内创业型高校在区域经济发展中的引领作用，积极支持州内初创企业的落地、研发与技术转化，通过数字化创新创业教育模块助力教科研成果转化，推动形成以研究集群为基础，以孵化器与加速器为载体，以科研全方位服务为依托，以衍生公司为成果输出的多位一体的产学研协同体系。依托联盟强大产学研合作体系衍生的创业公司积极参与此次比赛，经过三轮评审，最终 50 个优选项目中 9 个获批，从而获得了国家和欧盟约 675 万欧元的支持。此外，ERDF/JTF 计划于 2021—2027 年的总投资额约为 42 亿欧元，用于北威州数字化高校联盟下的初创企业实施面向未来、可持续和创新的项目。数字化高校联盟的产学研合作模式集聚了大学、科研机构、文化机构、企业等主体的协同互动，构建了技术熟化、成果转化、项目孵化的全产学研合作链条，提高了产学研合作推动成果转化的效率，极大地促进了德国区域经济文化的创新发展。

四、联盟全面数字化实践的演进

（一）数字化基础设施完善与数字化生态系统优化

数字化基础设施建设是指满足科研、教学与管理的 IT 系统、合作性 IT 服务、权限、技术支持以及服务管理等计划与战略框架。① 数字化基础设施既是数字化的启动器，也是创新发展的助推器。因此构建面向未来的、可持续的、高效能的、协同的、安全的、无障碍的以及用户友好型的基础设施是数字化建设的核心。完善的基础设施有助于提升创新力以及高校的数字化主权。德国科学委员会近年来不断加大数字化基础设施的投入，强化网络安全架构，通过合作提升协同对抗风险潜力，强化科学系统数字化统治权。2018 年 11 月，德国联合科学会议（GWK）决定加大对高校的研究场地和大型设备的资助力度，即实施研究大楼、大型设备和国家高性能计算（AV-FGH）资助协议。未来，联邦和北威州政府将每年提供高达 6250 万欧元的资金，用于资助联盟高校网络支持的数据中心的采购和运营。

北威州通过 scienbo. nrw 与 idm. nrw 项目建构数据安全的数字化生态系统。为了保证教学科研管理数据的永久获得，通过 Datensicherung. nrw 项目制定了数字化项目的技术、组织以及过程边界条件，并确定了州内工作参与模式。从 2021 年起，联盟实施了北威州高校联合数据安全措施。进一步推进云战略、源战略，高性能计算计划、科研数据管理计划，不断强化高校的数据主权，进而持续优化北威州数字化高校生

① Programmausschuss der DH. NRW，Geschäftsstelle der DH. NRW. Konzept，NetzwerkInformationssicherheit. nrw "-zur Stärkung der Informationssicherheit an den NRW-Hochschulen und zum Aufbau einer Informationssicherheitskultur［EB/OL］. NRW，2023-03-11.

态系统，其重点为计算机性能、存储服务、权限以及针对成员校通道的门户解决方案。至 2022 年，北威州内所有高校均接入千兆位网络，教师进修与培训必须包含数字化内容。

此外，联盟积极参与欧洲相关项目“衔接 GAIA/X 与 EOSC”，通过合作利用基础设施，研发针对差异化应用领域的教育云服务，开展网络安全与数据保护的联合治理，完善信息服务中心互补，合并同类服务，由联盟门户统一提供服务。依托数字化无障碍能力中心建设跨高校合作结构，支持《联合国残障人士权利公约》《欧盟网络可访问性指示》，进而从根本上消除高校教学层面的各种数字化障碍。

（二）数字化框架内的高校开放教学的持续推进

1. 开放教育资源的持续建设

北威州自 2021 年起加大了高校开放教育资源（OER）建设的资助与支持力度，依托 NRE 数字化高校项目为州内高校 OER 建设提供信息咨询服务和资助，获得资助高校的 OER 项目将被纳入北威州开放资源校园门户。教学层面主要针对支持数字化创新性教、学与考试方案的研发与开放存取，促进团队建构。通过必要的内容、工具、基础设施和人力资源不断优化进而建构无障碍、包容性、无歧视的教学考试环境。2021 年以来，州门户网站 ORCA. NRW 一直是高校数字化教学中心。到 2023 年，国家将总共提供超过 700 万欧元用于门户网站的开发和扩展，并每年提供 200 万欧元用于长期运营。未来，ORCA. NRW 上的自学材料将可以直接从北威州高校的学习管理系统访问。

2. 数字化教学法支持

优质的数字化教学主要反映在两个层面：其一是对数字化教学应用和效果的教学反思；其二是教学与学习中应用相关数字化工具的能力发展。[①] 2021 年北威州数字化高校联盟建立了州高校教学法委员会，该委员会与北威州高校教学法培训联合会以及德国高校教学法培训联合会紧密合作，为数字化教学法的支持与应用提供咨询服务，该咨询服务参照“欧洲数字化教学能力框架”（Europäische Rahmen für die Digitale Kompetenz von Lehrenden），在教师专业能力与跨专业能力的培养中特别关注可持续教学能力层面。

3. 教学中全新数字化技术

全新数字化技术在教学中的应用可以提升认知与创新潜力、丰富艺术实践、有效整合相关科研成果。联盟内数字化技术赋能教学当前关注的核心问题是数字化教学工具的合理使用以及数字化教学场景创新性建构。具体包括增强现实与虚拟现实辅助下的教学设计、机器化与人工智能学习技术用以控制与评价个性化教学过程、持续建设跨高校的可视数字化实验室，主要包括虚拟仿真平台、E 考试系统、软件通道的可视化扩建。此外，联盟还参与了联邦与州的高校人工智能培养项目，进而推动了人工智能领域的全方位合作交流机制。

（三）数字化科研支持服务能力的提升

北威州开放资源校园与德国国家数字化科研计划（国家科研数据基础设施、科研核心数据、国家高性能计算）以及国际数字化科研趋势（开放存取、开放科学）保持高度一致，积极建构与扩展数字化结

---

① Kompetenzzentren für digitales und digital gestütztes Unterricht ［EB/OL］. Bundesministrium für Bildung und Forschung，2022-11-09.

构、服务、咨询联网与实践社区。一方面创设用以支持科研的数字化基础设施，另一方面支持科研工作者数字化能力提升的进修。其工作重点：优化全新主题化网络，提升传播高性能计算与科研数据管理专业化能力，强化基础设施能力，以满足用户对科研文献、科研数据的开放性、可用性、长期获得性的需求。不同类型的开放建设（如开放科学、开放数据、开放教育等）不断提升联盟的开放度。

1. 科研信息通道的开放

DH. NRW 深化开放存取与开放科学战略，促进北威州高校数字化科研信息开放通道的深度开发，建设并不断完善数字化科研成果与艺术产品的开放存取数据库，支持依赖数字化基础设施（设备、数字化服务以及专业化团队培训等）的科研创新活动。主要支持数字化过程、科研以及艺术产品的数字化，包括数字化支持的数据生成与分析、科研成果与艺术产品的归档与开放存取、科研信息系统管理。通过州倡议计划 openaccess. nrw 推动州内高校图书馆的紧密合作，架设数字化基础设施与服务设施。为了提升联盟内部开放存取优化使用的可视性，利用 NOAH 门户（北威州高校开放存取内容证明）可以检索成员校开放存取出版物。此外，在完善现有的联盟高校图书馆的组织结构与前期工作积累的基础上，通过长期可用性项目（lzv. nrw）实现满足州内高校数字化科研信息全覆盖、可持续的基础设施。DigiKunst. nrw 项目则开启了艺术音乐类高校数字化科研内容的汇集与迁移。

2. 可持续的科研数据管理

支持并致力于北威州高校和研究机构的研究过程数字化将是德国教育部未来几年的一项紧迫任务，以扩大北威州数字化建设的示范效应。作为此过程的一部分，研究数据管理尤为重要。研究数据管理

(RDM)是指在整个数据生命周期中处理此类数据，包括数据的收集、评估、(进一步)处理、归档以及(如有必要)发布。[①] DH. NRW 科研数据管理支持成员校科研人员在科研计划全过程中可持续高效数据处理，持续降低技术准入门槛，简化科研法律阐释。依托国家科研数据基础设施项目积极参与高校科研数据管理建设。通过科研数据管理计划将针对数据循环、区域与国家科研数据服务基础设施融入整体规划内，实现闭环管理。建设并不断扩建中央服务，以促进高性能存储与计算系统的连接。

当前，所有高校都面临着创建和扩展专业研究数据管理结构的挑战，可持续研究数据管理被提上了日程。可持续研究数据管理需要研究团队和研究人员之间的新流程和技能，并影响着每所大学。基于 DH. NRW 框架联盟自 2022 年实施了旨在强化高校科研活动信息能力、统一科研核心数据记录转化与科研信息系统引入的 CRIS. NRW 计划。该计划提供服务涵盖规范化咨询、科研核心数据记录转化咨询、引入科研信息系统驱动咨询。自 2023 年起，除综合性大学外，大量应用科学技术大学加入了该计划。

3. 高性能计算(High-Performance Computing，HPC)

“高性能计算(HPC)”是指需要高效计算能力和超高存储容量的计算机辅助计算。[②] 近年来，HPC 的重要性不断增加，已发展成国际科学和产业竞争的决定性区位因素。在许多科学领域，计算机辅助模拟和数据分析已成为理论与实验之间不可或缺的桥梁，高性能计算对

---

① Bundesministrium für Bildung und Forschung. Urheberrecht in der Wissenschaft-Ein überblick für Forschung，Lehre und Bibliothek [EB/OL]. BMBF，2023-06-03.

② RWTH Aachen University. CLAIX Projects 2020 High Performance Computing at RWTH Aachen University [EB/OL]. RWTH AACHEN UNIVERSITY IT Ceuter，2020-12-01.

"模拟科学"和"数据密集型科学"未来的发展至关重要。对北威州多样化的科学景观来说，高性能计算机是强大基础设施的重要研究工具。

北威州高校于2018年与州文化和科学部协调成立了HPC工作组。工作组的主要职责是制定北威州HPC战略、整合和协调北莱茵州众多且多样化的HPC活动、利用协同效应提高HPC运营质量、确保更高效且简单的HPC应用。为了将咨询、辅导和培训措施捆绑在一起，能力网络HPS. NRW于2019年创建，从微观层面致力于实现成员校的高效、适切、低门槛的HPC资源通道，提升科研人员的HPC专业能力；从宏观层面着力推进跨高校的集群、重点培训以及与国家高性能计算发展的衔接，进而实现深层次的协同效应。2020年以来，北威州积极落实州科学委员会的建议，促进北威州HPC中心扩展和进一步发展。其HPC建设的目标集中在以下五部分：第一，确保高校HPC资源和专业知识合作中科学和行业研究的可持续供应；第二，以科学为主导的HPC资源的高效利用；第三，HPC资源联合规划，对HPC资源的统一且结构化的访问；第四，不断优化HPC. NRW网络；第五，改善北威州和国家范围内HPC活动，培训HPC领域的科学家，完善前沿研究的框架条件，并引入新的高端用户群体。

当前北威州HPC建设已取得一定成果。联邦三大高性能计算中心之一的于利希超级计算中心（JSC）已在北威州成立。此外，作为高斯超级计算中心（GCS）的一部分，JSC也参与欧洲层面的工作。2020年11月，德国联合科学会议（GWK）决定将八个数据中心纳入国家高性能计算联合资助范围，其中包括北威州的两所（亚琛工业大学的IT中心和帕德博恩大学的并行计算中心）。这意味着亚琛工业大学和帕德博恩大学已被纳入国家网络，跻身2级水平。2023年11月北威州的科隆大学也正在建立2级HPC中心。

（四）行政管理数字化的优化与持续完善

在行政领域，DH. NRW支持高校行政管理的数字化变革，最大限度满足教师、学生、科研工作者、技术与行政人员的需求。通过《北威州数字化管理准则》与《线上通道准则》等规定规范化管理。主要包括以下四个范畴的内容：①能力发展与进修管理。自2020年起，联盟实施了旨在支持与强化员工的数字化能力的HS-Verw. nrw项目，依托该项目在跨高校进修范畴内统一了咨询、培训、考核的内容。②以文献为基础的电子化事件处理与电子化记录管理。电子化治理的核心要素是在电子化事件处理与电子化记录管理中使用的文献管理系统。当前联盟已建成承担高校全部电子档案合作E-Akte. nrw中心，中心提供咨询与运行服务。③大型专业程序的合作。大型专业程序（SAP，MACH，HISinONE校园管理，HIS-RES）通过专业化合作组织实施。通过使用合作性驱动机构和HIS软件，减轻中小型高校的负担。④为了降低不同系统使用给员工带来的复杂体验，联盟整合了相关系统，形成了统一的门户界面和员工服务门户——Intranet，文献管理系统、校园管理专业化程序和资源规划是其中的大型系统。

五、结语

北威州数字高校联盟战略仍在持续推进。德国科学部部长伊莎贝拉·拉普菲费-普西根（Isabel Pfeiffer-Poensgen）表示："根据数字化协议，北威州数字高校联盟将在更大且更广泛的数字化项目上合作，共同开发解决方案。数字化不仅包括流媒体讲座或在线考试的可能性，还应涵盖侧重于需要数字化演进不同领域的跨高校项目，例如，数字可访问性、大学图书馆为研究人员提供的数字信息或创建艺术科学数字档案。合作产生的协同效应使北威州的所有高校以及学生和教师受益。”① 到2025年，州政府将继续向联盟提供2400万欧元用于8个跨高校数字化项目。①数字化无障碍能力中心：旨在为识别和减少高校环境中的数字障碍做出系统性和实质性的贡献。②北威州开放存取计划（openaccess. nrw）：力图通过高校图书馆中心提供中央基础设施服务，并为研究人员和教师提供个性化咨询、信息和网络服务。③北威州网络下载管理项目（IDM. nrw）：北威州正在引入所谓的联合身份管理，以确保高校之间能够访问IT服务。每所大学不再需要为研究数据维护单独的存储。④北威州防剽窃项目（PlagStop. nrw）：提高对抄袭的检测，并通过预防措施防止抄袭的出现。⑤北威州数字化艺术项目（Digi-Kunst. nrw）：该项目旨在为广大公众提供访问艺术和科学数字档案的机会。⑥北威州数字化物资管理项目（ZAW. nrw）：目的是实现高校管理部门货物采购、维护和运营的数字化。⑦北威州数字化管理培训项目（Digi-V. nrw）：加强大学管理部门员工的数字技能。⑧北威州系统应用于产品的数字化进程项目（SAP. nrw）：基于当前SAP技术S/4HANA，开发SAP参考模板NRW和相关迁移概念，并首先在盟内九所高校实施。

北威州数字化高校联盟的建设是德国跨高校、跨机构、跨学科数字化教学、科研、管理的尝试，随着相关制度的逐步优化、质量标准的不断完善和实践经验的积累，近年来联盟在推动高等教育、开放教

---

① Die Landesregierung Nordrhein-Westfalen. Digitalisierung der Hochschulen: Land stellt weiter 24 Millionen Euro für hochschulübergreifende Projekte bereit [EB/OL]. Land NRW, 2022-05-17.

育、资源建设以及区域数字化建设层面取得了卓越的成果。多校共建的一体化开放教育平台拥有更加海量的知识储备和更加差异化的学科背景，区域内合作模式的共建克服了空间距离带来的交流障碍，实现了区域内教科研数字化高质量发展，并逐步形成区域化教科研特色，对地区乃至全德的人才培养、科研创新、资源与基础设施共享、科研成果转化与数字化等方面发挥了巨大的作用。

第二节 德国区域高校开放教育联盟质量建设研究——以汉堡开放教育线上大学为例

汉堡开放教育线上大学（Hamburg Open Online University，HOOU）是2015年由汉堡市六所公立高校（汉堡应用科学大学、汉堡理工大学、汉堡港口城市大学、汉堡音乐戏剧大学、汉堡造型艺术大学、汉堡艾蓬道夫医科大学）与汉堡多媒体公司、科学研究平等局联合成立的大学线上教学与科研联盟。联盟依托建设创新性数字化高校学习产品平台，供不同学习阶段和不同学术背景的学习者自由免费获得与使用，推动高校内与高校间数字化教学创新，实现教学资源的无权限开放存取，提升教育教学质量，降低学业门槛，促进个体学习与自我提升。HOOU平台建设的宏观目标并不是架构与现有教育体系平行的产品与服务系统，而是利用与扩展其协同效应，通过建立跨高校平台实现对现有教科研资源的补充。①

① HOOU. Was ist die HOOU? [EB/OL]. hoou. de, 2020-12-10.

HOOU 是德国建设高品质、多样化开放教育系统的重要组成部分。近年来随着平台建设的深入优化，HOOU 高校的教科研开放度得到不断提升，促进了汉堡地区乃至全德范围内教育教学开放理念的深化与开放教育资源平台的建设，并逐步发展成德国高校间数字化合作联盟的典范。

一、HOOU 概况

（一）HOOU 的发展历程

HOOU 的建立可以追溯至 2014 年汉堡市发起并实施的数字化教育倡议计划。该计划聚焦开放教育资源（OER）建设，服务于社会群体对高校开放教育资源的迫切需求。依托该计划汉堡市 6 所公立高校就建立联合开放学术教育平台达成一致意见。2015 年 HOOU 启动了由汉堡市资助的第一个数字化教学项目。在项目的支持下汉堡市高校开始实施开放学习资源、数字化认证和数字化教学平台方案。在项目的推进过程，HOOU 逐步明晰了其两大行动领域：①数字化转变下的开放性，即逐步发展与强化高校内与高校间跨学科对话的开放性。通过创新数字化对话与教科研参与形式，提升高校的可见度。②数字化转型的网络建设，进一步推动区域、国家与国际的教科研数字化网络发展，提升汉堡区域数字化建设水平。

HOOU 的发展表现为一种自上而下的渐进式结盟模式，即先构建数字化教科研联盟，后通过联盟建设理念与举措对成员校的数字化进程产生影响，进而推动联盟层面的战略合作与平台建设。作为联盟的重要发起和推动者——汉堡理工大学于 2017 年实施了全面的数字化战略，并于次年确立了立体化的科研与教学开放政策，从而对联盟内高校产生了结构化层面的深远影响。汉堡应用科学大学秉承 HOOU 教学与科研中开放、跨学科、合作的核心理念，在数字化转变的两个行动领域——开放性对话与数字化转变的网络——深度发掘了其在区域、国家和国际层面的示范效应。HOOU 对高校的影响不仅体现在战略层面，同样也体现在其对教学的理解和实施层面。汉堡造型艺术大学积极参与 HOOU 数字化开放资源建设，探索实践艺术教学的数字化转型，创新教学模式，通过项目资助为教师创设教学法利用素材的自由空间，由此产生了大量针对不同专业方向的完整慕课体系与课程补充材料，实现艺术与社会问题融合。免费开放的艺术教学产品满足了不同学习阶段和学术背景学习者的需求。

在项目实施过程中，HOOU 积极深化联盟内高校数字化战略合作，打造全方位的服务支持体系，推动数字化教学领域的跨界组合，促进数字化教学资源的产出与推广。除了不断建设开放教育资源（OER），联盟聚焦继续教育产品的开发与咨询服务的优化，将开放教育资源建设纳入专业化教育培训与进修课程的组成部分。在教学培训体系内开设了一系列的 OER 模块化主题，用以支持高校教师制作与发布教学资源。此外，HOOU 项目成员定期交流，研讨特定教研主题。项目推进过程中始终伴随着媒体教学、媒体技术等相关学术会议以及 OER 资源的合法使用与推广的咨询支持服务。近年来，HOOU 为了保证平台资源建设的可持续性，扩充其数字化资源体量，新产出的教学产品经过审核、获得权限认证后不断被吸纳加入平台。为了有效推动平台课程的质量建设，联盟定期举办相关工作坊，持续深入探讨：HOOU 对开放教育资源的理解；HOOU 的质量保障工具；HOOU 的质量保障过程。并基于工作坊研讨成果制定、优化完整的开放教育资源质量建设标准。

通过线上教学平台 HOOU 实现了高校的开放，并为高校间合作与协作架设了数字化空间。当前平台已涵盖研究不同社会关切问题的 295 个学习产品、258 个学习资源，形成 36 个教学团队（截至 2023 年 9 月 1 日）。近年来，HOOU 不断开发创新性教学产品，扩展高校合作网络，持续推动平台的开放度建设。自 2020 年起，HOOU 将平台内所有资源全部纳入跨州的开放教育资源平台 Twillo。Twillo 是由德国下萨克斯州科学文化部资助建设的基于开放源软件 edu-sharing 开放教育资源门户。目前拥有包括汉堡开放线上大学等 20 个源链接的 45000 个开放教育资源。跨州的元数据标准使所有联网系统内部的资源实现共享。

（二）HOOU 的全面数字化战略

HOOU 的数字化战略是教学数字化、学业管理数字化、科研转化数字化、继续教育数字化、管理数字化全方位的建设体系。首先，教学数字化是在全面数字化的战略框架下，注重专业数字化能力与跨专业数字化能力的培养，不断推动原有资源与新建资源的衔接与进一步发展，不断优化数字化课程体系。其次，学业组织管理的数字化强调学习的全过程数字化、考试管理数字化、学业信息与学业咨询数字化、求职管理数字化、信息资源与媒介数字化。而科研转化数字化涉及两个层面，一方面数字化成为科研的对象与内容，促进跨学科数字化研究项目；另一方面建设数字化平台与工具作为科研支持（通过汉堡开放科学项目推进科研信息系统、科研数据管理与开放存取知识库的全方位建设）。继续教育数字化则包含数字化继续教育内容的建设与数字化继续教育形式的完善。前者数字化继续教育的内容应符合社会、经济、文化发展需求，致力于推动科研成果深入相关从业者。后者数字化继续教育形式的完善则强调项目牵引下不断探索数字化实践进修形式。最后，管理数字化重点从人员、组织和机构上进一步优化信息技术中心、强化 IT 治理、调整 IT 结构与 IT 过程，保障信息安全。

（三）HOOU 资源的开放权限

HOOU 以开放教育理念为导向，将学习资料建设为开放教育资源，置于 HOOU 平台，供学习者使用、创作、加工。开放性是 HOOU 的核心，是指 HOOU 框架内的教育教学资源的开放存取与免费使用。开放教育资源不仅应自由获得，也应可供自由使用和自由修改。HOOU 通过使用开源软件实现技术开放，通过应用开放许可实现法律开放，通过不同教学场景、差异化教学法与特色化教学空间的开放建构来实现社会开放。① 数字化开放教育资源的开放权限为教学交流低门槛准入提供了前提。HOOU 将其资源划分为开放教育资源与 HOOU 开放教育资源。其中开放教育资源的权限类型为三类，即 CC O：集体精神财富；CC BY：名字标识；CC BY SA：名字标注——该作品修改后继续传播需满足同样的许可。而 HOOU 开放教育资源包括两类，即 CC BY NC：名字标注—非商业；CC BY SA：名字标注—非商业—该作品修改后继续传播需满足同样的许可。这些资源满足 HOOU 成员校对开放数字化教育资源的最低要求。资源的格式充分体现其非商业性使用的本质属性。

表 5-1 HOOU 开放教育资源权限类型

	模式名称	解释
BY	名称	著作人名称需标识
NC	非商业	该作品不可用于商业用途
ND	不可加工	该作品不可修改
SA	继续传播需相同许可	该作品修改后继续传播需满足同样的许可

① Hochschule für Angewandte Wissenschaft Hamburg［EB/OL］. HAW, 2019-06-15.

（四）组织机构

HOOU 成立之初实施松散的联盟管理制度，即通过自身开放教育资源建设来推动联盟的数字化战略推进。2020 年年初，HOOU 开启公司管理结构模式。运营管理会、成员大会和监事会是 HOOU 内三大平行的顶层管理机构。运营管理会负责联盟对外和对内的合作与交流，进而不断促进生成新的数字化教学团队。成员大会负责制定 HOOU 的战略目标与决策，下设执行小组，支持运营管理会、成员大会与监事会的各项工作。监事会实施数字化质量与开放教育资源建设监管职能，下设委员会，监督运营管理、平台发展以及数字化相关培训建设。8 所合作院校与机构处于 HOOU 组织结构的底层，是联盟数字化教育战略的实施者与开放教育资源的产出基地。依托联盟内的教学管理一体化机制、数字化项目驱动模式与完善的培训咨询服务，成员校通过平台内跨学科、跨院系、跨院校以及跨机构合作不断强化 HOOU 开放资源

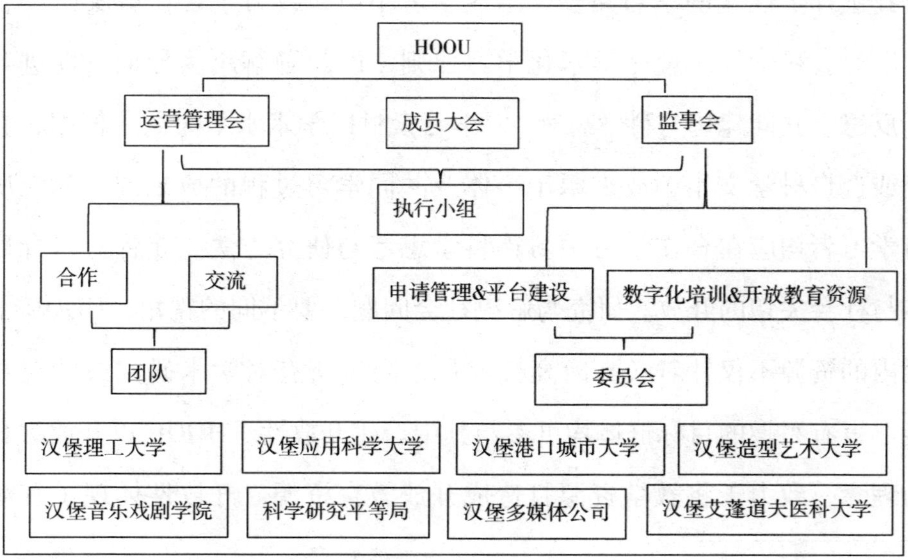

图 5-2　HOOU 的组织结构

建设，进而推动区域数字化能力的持续提升。

二、HOOU 平台建设

（一）HOOU 平台建设的指导原则

开放教育资源建设发展的动力在于其不断改变，鼓励创新思维、鼓励创新型合作。这就需要 HOOU 一方面为平台资源质量保证设定基本的原则和框架条件；另一方面也为创新、批判提供自由空间。其平台建设原则可概括为：①以学习者为中心。教学场景设计与教学素材建构始终以学习者为中心，将其学习目的、学习能力、学术背景、个性化学习方法纳入考量范畴。通过智能化系统建议机制，支持学习者的个性化、非正式、针对特定问题和主题的学习过程。此外，以学习者为中心体现了协作的理念。学习者是自身学习过程的组织者，应该自我选择个性化的学习路径，结成学习小组，致力于合作解决跨学科问题。②科学性。遵循学术化学习原则，以问题解决为导向，促进共同反思、共同建构与科学思辨。[1] 学习素材以学术水平为划分依据，它们或选自科学文本，或来源于个体及共同学习过程的成果或产物。所有学习者均应在合作学习中习得科学思考与研究方法。③针对目标群体与社会关切的开放。研究与解决社会问题需要不同的视角，HOOU 平台内的资源不仅针对联盟内高校成员，同时所有对学术研究或特定技能习得有兴趣的目标群体均可参与其中。④开放性。HOOU 以开放教育为理念，致力于将教学资源打造成开放教育资源。开放性体现了资源

① HOOU. Die Hamburg Open Online University stellt sich vor［EB/OL］. hoou，de，2021-05-16.

开放与最大限度互动开放。开放的思想不仅可以理解为教学素材的开放使用，同时也意味着个体参与制作和设计学习产品的过程。HOOU 平台建设的目标可概括为在开放灵活的课程平台内，学习小组与团队实现跨学科创新网络化合作，共同进行专业化学习，科学思辨，讨论并处理社会问题。

（二）HOOU 的平台构成

HOOU 平台内容由三部分构成：HOOU-OER 资源、HOOU-OER 教学设计、HOOU 团队（组建或加入某一开放教学团队）。

1. HOOU-OER 资源

UNESCO 将开放教育资源（OER）界定为以公众为目标群体、开放许可的各类教育资源的总称。该资源可以合法自由存取、复制与分享。[①] OER 范畴广泛，小到单个的数字化素材（如：视频、音频、文本或动画），大到系统化线上课程（如慕课）等，这些资源只要在开放权限下存取均可被视为开放教育资源。

HOOU-OER 资源是 HOOU 框架下的开放教育资源，是数字化媒体中的满足 HOOU 质量概念体系（无障碍、学习者为中心、社会开放、开放意义下的目标群体要求、互动与合作的可能性）的各类数据形式，如电影、文本、音频或动画等。每一种资源都包含一个或多个主题，可以根据主题有目标地进行检索，也可以通过内容、机构、权限、语言和媒体类型进行检索。所有资源均作为 OER 系统内容开放。这些针对不同主题的 HOOU-OER 内容可以以捆绑形式或独立形式自由使用，并融入新的教学设计中。

① UNESCO. 2012 Paris OER Declaration [EB/OL]. UNESCO, 2012-08-23.

2. HOOU-OER 教学设计

HOOU-OER 教学设计是以学习者为核心、利用 HOOU-OER 资源合成的教学设计，是开放教学资源系统化整合后的产物，其包含教学场景、针对选定素材插入教学过程的教学描述等。上述教学设计产品同样需要满足 HOOU 质量概念体系。HOOU 积极建构教学软件集成平台，将教学资源与技术手段纳入 OER 范畴，支持资料的联合处理。基于通用标准的元数据模型存储库可以实现网络中数据的链接。HOOU-OER 教学设计的特色在于将不同的素材融合形成教学场景和过程，图片、音视频、文本有机结合服务于共同的教学主题。HOOU 的教学设计资源被视为 HOOU 微项目“基础教学三步法”（教学三步法可以简单概括：基于主题与真实问题进行教学单元划分与语境化；依托教学媒介共同创设教学内容；通过自我检测、问卷、反思来深化与转化所学内容。其目的是满足教学要求和以学习者为中心）的转化过程。在 HOOU-OER 媒体产品制作的框架内 HOOU-OER 资源与 HOOU-OER 教学产品构成了 OER 的主体。

3. HOOU 团队

HOOU 团队是基于相同课程内容建构学习而结成的松散型学术团体，在该模块中用户可以与学习产品的其他使用者进行交流，进而建立团队，规划活动，设计项目。团队成员可以通过线上报告向 HOOU 的用户展示其学业成果，并邀请其他成员加入团队。

三、HOOU 平台的质量管理系统

开放教育资源的质量标准在其目标设定中就得到了体现，即实现 5V 自由（5V-Freeiheiten）：保存（verwahren）与多样性（verfältigen）

自由、使用（verwenden）自由、加工（verarbeiten）自由、混合（vermischen）自由、传播（verbreiten）自由。①保存自由：制作、拥有和监督内容复制的权利（如下载、复制、存储和管理）。②使用自由：各种方式使用的权利（如课堂内、研究小组中、网页上、在视频中等）；③加工自由：适应、调整、修饰、修改内容的权利（如内容的翻译）；③混合自由：将原素材整合或加入新的素材的权利（如内容合并形成糅合）④传播自由：分享复印件与合成的新素材的权利（如将复印件传给朋友）。

HOOU 致力于打造高质量教育平台，确保教学质量与开放教学资源的质量是其核心要义。HOOU 的质量管理在宏观上遵循两大指导思想：与社会发展需求、法律规定相适应，与教育过程不同的参与者、机构与结构（教师、学生以及不同的专业文化等）相匹配。[①] 为了保障教育质量和开放教育资源质量，建设并不断完善质量标准势在必行。HOOU 建立之初就将其质量措施划分为三个层面：结构质量、过程质量和结果质量。结构质量很大程度上依托 HOOU 不同的机构和组织来确保。过程质量通过咨询、认证来保证。结果质量通过质量标准来控制。2017 年 HOOU 在整合相关国际开放教育资源质量保证标准的基础上研发了 HOOU 的质量管理系统。该系统划分为三大体系，即教育教学体系、技术体系与知识产权体系，其中知识产权体系可以在开放层面上融入技术体系。2020 年 HOOU 结合平台运营期间的实践经验进一步修订与完善了上述质量系统，形成了三维质量标准系统。该系统包含三

① MAYRBERGER K，IAWACKI-RICHIER D，MÜSKENS W. Qualitätsentwicklung von OER：Vorschlag zur Erstellung eines Qualitätssicherungsinstruments für OER am Beispiel der Hamburg Open Online University ［M］. Hamburg：Universität Hamburg，2018：92.

大维度标准：教育教学维度、技术维度、评估与反馈维度（见图 5-3）。

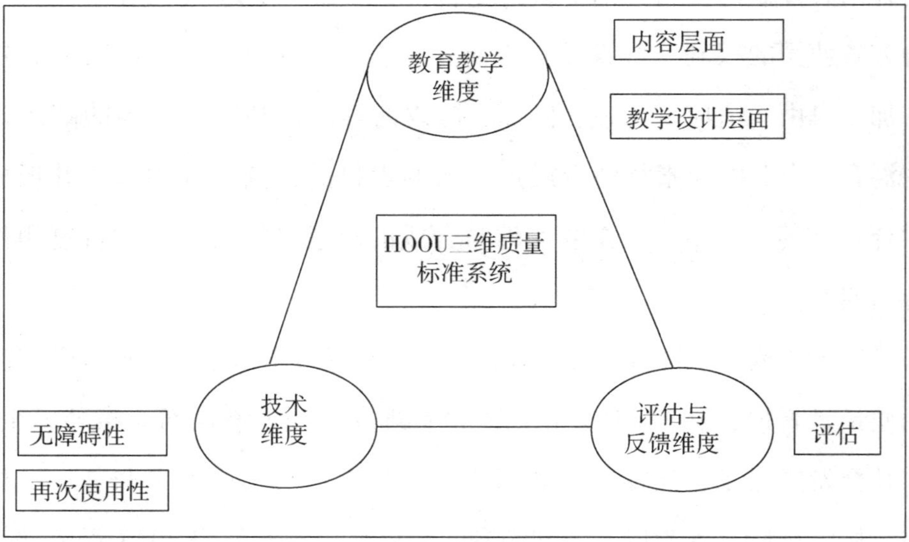

图 5-3　HOOU 三维质量标准系统

（一）教育教学维度

教育教学维度是开放教育资源质量保证工具的核心。其主要包括两个层面：内容层面、教学设计层面。

内容层面：①内容的准确性。内容以专业知识为基础，强调开放教育资源呈现的内容应符合当前教科研状况，专业知识点与观点被正确、均衡地呈现，陈述与论证缜密严谨，且附有专业参考文献。②内容的完整性。完整呈现教学内容，包括引用与参考文献。③内容的时效性。内容及时更新。④以目标群体为导向。主要表现为清晰界定目标群体，内容针对目标群体辨识度高，内容难易度划定准确，真实难易度与设定难易度相符。必要的预备知识内容被清晰展示，预备知识与真实要求相符。⑤内容的可理解性。教学内容与教学目标容易理解；学习资料可以很好地总结概念观点。⑥内容的相关性。清晰展示了概念之间的关系。学习资源覆盖了重要的概念，强化了深度理解。⑦内容的科学基础。对应的科学研究支持相应的学习资源。⑧内容的连贯性。内容结构连贯、合理、循序渐进；学习内容建立在之前的概念体系之上。⑨内容的再次使用性。内容的相对独立性是保证其再次使用的客观要求，[①] 所谓的独立即内容包含相对独立的主题，且该内容的使用不以其他内容使用为前提，可以不加修改地插入其他课程或语境中，可以灵活应用于不同的目标群体。此外该资源还应包含相应的适应性或补充性内容，以便于辅助不同预备知识背景的学习者融入。

教学设计层面：①目标群体导向。学习客体应考虑特定学习群体的需求，内容应与学习者基础知识、学术背景、技术能力紧密连接。②清晰界定学习目标。呈现的内容与设计的学习活动有助于实现相应的学习目标，设定的学习目标、内容与学习对象相适应，教学活动与考试形式相匹配，且学习过程评估形式适合设定的学习水平。③推动学习参与与学习动机。学习素材吸引学习者关注，可激发学习者参与学习内容的深度研究。④学习素材可以促进协作、合作与交流。教学素材有助于呈现合作互动结果、检验结果与结论。⑤促进应用与转化。教学设计为学习者创设解决真实问题的机会，包含可以在实践中应用的理论与方法、来自实践的案例研究以及大量培养学习者独立性与责任感的学习活动，要求学习者将习得的内容与方法转化到自身（职业）

① ZAWACKI－RICHTER O，MAYRBERGERK. Qualitäts von OER：Internationale Bestandaufnahme von Instrumenten zur Qualitätssicherung von Open Educational Resources（OER）－Schritte zu einem deutschen Modell am Beispiel der Hamburg Open Online Univeristy［EB/OL］. HOOU，2020-09-20.

实践中。⑥媒介手段与呈现方式的多样性。开放教育资源的文本、图像、视听素材与超链接提供了多样化的学习路径，视听化的学习强化了学习的思考过程。⑦学习过程立体化的辅助与支持。资源包含操作功能辅助支持，可以获取专业性概念支持（如索引、定义），辅助学习者始终明确处于学习素材的哪个阶段，遇到问题时学习者可以求助教师、管理员或助教，遇到素材中的错误，可以很容易找到接受反馈的管理者。

教育教学维度的质量标准无论是在内容层面还是教育教学层面均充分体现了全过程性的目标群体导向，始终将学习者置于开放教育资源建设的核心位置，通过内容与教学设计的有机结合，以及内容阐释过程中的对话、切换视角、结构化批判促进学习合作与互动，不断强化认同学习者在学习小组或项目小组中的角色，逐步在项目分工上达成一致，应对学习过程中的各种要求，共同解决问题，完成任务，进而促进学习者的科学思辨能力、解决问题能力以及协作学习能力的养成与提升。

（二）技术维度

技术维度可划分为可用性（用户友好性）、可获得性（无障碍性）和再次使用性三个层面。可用性主要是指学习客体的用户友好性，它包括以下几点：①用户界面的结构、导航与定位。用户始终明确其所处资源的位置，可以随时中断学习，之后可从中断点继续学习；导航结构与内容顺序清晰条理，可以通过检索功能找到相应的内容，且可以随时存取之前的资源内容。②互动性。资源内包含可以由学习者通过输入或选择参数及数据互动调取的复合性工具；还包含可将学习者思想或过程可视化呈现的工具，供学习者设计内容或学习客体的工具，此外学习者可以更改资料内容的呈现形式（如通过旋转或扩大）。③设计与可阅读性。文本普遍的良好可读性，图形与图表清晰、可辨识、可放大；资源的所有部分构成集成的、相互依赖的整体，表达与所展示的内容相匹配，可快速地对学习者的输入作出反应。

可获得性主要包含以下几点：①技术上的可靠性，技术稳定性。②可信任性、技术交互性与兼容性，资源使用的技术前提被清晰描述，不以任何附加软件为前提，且可以在不同的终端设备运行（手机、平板、笔记本电脑等），与不同驱动系统或不同版本驱动系统相兼容，同时可以在中断设备后正常运行。③对残障人士无障碍性，内容在保证结构与信息的前提下与设计相符合；文本字体可改变大小，用户有足够的时间来阅读和处理所有内容，以调高阅读舒适度；内容格式多样化，所有功能可以通过鼠标或操作键盘来实现。

再次使用性是指学习内容可以被再次使用的技术前提，即开放教育资源可以被再次使用、再次修改和混合以及分享。资源格式符合国际线上学习元数据标准，如 LRMI、SCORM、IMS-Learning-Design、LOM 等；资源应支持其在其他环境下再次使用；资源的元数据可以通过应用查阅，可交换、重新组合或补充，进而将修改过的资源出版或插入新的情境中。

技术维度标准以降低开放教育资源使用的技术障碍为前提，不同技术背景学习者可以无准入门槛使用修改平台内容，特别是针对残障人士的操作设计充分体现了质量建设体系的人文关怀。资源格式的国际化一方面提升了平台内容的融合度，另一方面也极大地促进了平台的国际化，从而加速了 HOOU 平台的高质量数字化进程。

（三）评估、考核与反馈层面

全面与差异化的考核、反馈与评估层面：首先，考核是指学习资料可用于测量学习者的学习产出，包含针对差异化的学习客体而设计的适合的任务类型，考核任务覆盖设定的学习目标，考核结果依赖于学习过程监控数据。其次，平台提供了多层面反馈路径，设计了教师直接、自动与个人反馈功能。而评估则覆盖所有资源内容，难度适中。评估内容主体为学习任务与学习成果监控，重点为开放教育资源针对各自学习内容设计任务的适应性。评估后学习者可获得易于理解的关于评估结果的反馈，进而促进主动研究学习内容。

HOOU 的质量标准建设体系特点可以概括为以下几点：①教学质量保障目标多样化。注重学习者高阶思维能力的发展、解决问题能力的提升、自我学习管理中的情感塑造和团队协作中的有效沟通能力的优化。②教学质量保证管理的全过程。HOOU 的质量标准管理体系是一种教学、管理与考核评估的全过程系统。不仅涵盖教学资源可持续建设、教学设计创新优化组合，还包括多样化教学评价与反馈的全过程覆盖。③教学质量评价内容的多角度。既包括学生学习评价、教师教学评价，还涉及教学资源评价、教学环境评价、支持服务评价。实现了多角度评价内容的充分整合。④教学质量反馈的及时性、常态化与透明度。教学质量反馈链接在开放 HOOU 资源的每个章节不同节点，形式灵活多样，反馈及时有针对性。学生根据获得的评价反馈，有针对性地调整学习策略。

四、结语

HOOU 的建设是德国跨高校、跨机构、跨学科数字化教学科研的尝试，随着相关制度的逐步优化、质量标准的不断完善和实践经验的积累，近年来联盟在推动高等教育开放教育资源建设以及区域数字化建设层面取得了卓越的成果。多校共建的一体化开放教育平台拥有更加海量的知识储备和更加差异化的学科背景，区域内合作模式的共建克服了空间距离带来的交流障碍，实现了区域内教科研数字化高质量发展，并逐步形成区域化教科研特色，对地区乃至全德的人才培养、科研创新、资源与基础设施共享、科研成果转化与数字化等方面发挥了巨大的作用。HOOU 致力于高等教育数字化转化，架设数字化合作与资助项目的平台，链接汉堡市内高校数字化教科研发展成果，建构汉堡市跨高校的数字化服务结构。HOOU 的在线教育资源质量标准体系已成为德国乃至欧盟高校开放教育质量建设可供参照的典范。2023 年联盟进一步拓展了其行动领域，形成了四大数字化合作建设战略：进一步推动汉堡市数字化高校框架内开放教育实践、加大科研数字化建设资助力度、不断完善数字化基础设施、推动汉堡市高校全方位数字化转化。

当前我国数字化教育快速发展，特别是新冠疫情以来，数字化教育平台得到了充分的开发与利用，其中国家智慧教育公共服务平台已发展成世界最具影响力的教育数字化服务平台之一，截至 2023 年 6 月，平台网页版累积浏览量超过 260 亿，访客量超过 19.2 亿人次，2.7 万门高等教育优质课程，用户覆盖全球 200 多个国家。在数字化教育平台的蓬勃发展的趋势下，共建共享在线教育的质量保障体系和成果认证制度正在持续地迭代与优化。2015 年在《教育部关于加强高等学校在线开放课程建设应用与管理的意见》的指导下，我国逐步形成了一系列在线课程建设标准，包括国家精品课程认定要求的六个维度标准、国家标准化委员会的《信息技术学习、教育培训在线课程》标准以及由复旦大学与美国在线教育专业评估机构（Quality Matters，QM）合作研发的《FD-QM高等教育在线课程质量标准》等。这些标准不仅为在线课程评估架构了可供参照的标准体系，同时也有力地推动了我国在线课程质量持续提升。然而，对比德国HOOU质量建设标准，我国现有在线课程质量标准偏重教育内容与教学设计层面的考核，对系统的技术性指标，特别是用户体验尚缺乏全面的评估标准。针对差异化学习群体（如残障人士）的在线课程平台设计的人文关怀略显不足。在数字化不断深化与数字技术不断更新的时代，在线课程质量建设是一个长期的、渐进的、持续优化的过程，只有不断顺应时代发展语境，结合自身在线课程本土化实践，吸收国际相关开放教育资源质量建设经验，不断调整，不断完善，才能逐步探索出适合我国科学的、可持续的在线课程质量标准体系。

第六章

区域合作范式下的德国高校第三使命

第一节　多元语境下高校第三使命复合化发展研究
——以欧盟高校为例

自 20 世纪 80 年代初起，关于高校第三使命的讨论逐渐成为高校职能研究的重要课题。其中具有代表性的理论研究主要体现在以促进经济发展为导向的创业式大学理念（Entrepreneurial University[1]）、高校—产业—政府三螺旋协作式大学发展理念（Triple Helix[2]）、校企合作式

① Entrepreneurial University 是将教学、科研与创业结合在一起的大学模式，该模式凸显了高校学术的社会功能，并将高校界定为社会经济的重要参与者和变革者，从而使高校与知识的使用者更加紧密地连接在一起。知识资本化是创业型大学学术使命的核心。

② Triple Helix 是一种高校、产业与政府三螺旋协作均衡发展的大学模式，即高校以知识创新为企业发展提供动力，企业以自身发展来推动社会经济发展，社会发展促进高校应用型知识的不断更新，形成螺旋上升的促进协同发展模式。

的应用性知识产出模式理念（Mode 2[①]）。这三类理论的共性在于高校与社会逐步走向合作式交流，发明与创造不再是线性地以基础研究开始，逐步走向应用，而往往是通过不同的反馈路径曲折式进行。简而言之，即以社会实践的各个层面为反馈源，以社会发展中产生的矛盾与障碍为反馈内容，向高校教学与科研及时提出相应需要解决的现实问题。通过这一反馈循环式的互动交流将高校与社会紧密联系在一起，形成了合作共生的发展路径。[②] 起初高校与社会的合作仅仅局限于经济层面，后来逐步扩展到社会发展的各个层面。

在这一理念影响下，高校的第三使命被视为一种涵盖政治、经济、社会与文化的多元化发展综合抽象体；它是与社会相关的一切高校活动的总称。[③] 第三使命使高校开始关注社会发展趋势，适应社会需求，积极参与社会变革。高校的第三使命的发展有助于国家各个层面应对知识社会发展的需求，从而使高校在现代知识社会发展与变革中发挥更加重要的作用。

---

① “模式 2”（Mode 2）与“模式 1”（Mode 1）为社会学专有名词，二者涉及的是两种不同的知识产出模式，“模式 1”指的是不依赖实践应用，仅仅通过科学实验产出的知识。直到 20 世纪 80 年代初，高校内知识的运作一直被视为是不受外界影响的、无特定目的的单一性模式。这种关注基础研究的大学模式被称为“模式 1”。“模式 1”是传统的大学和高等职业技术培训学校的学术培养的选择门槛。1994 年美国学者 Micheal Gibbons 对“模式 1”提出了疑问：“模式 1”是否为高校知识产出的唯一形式？由此，他提出了饱受争议的“模式 2”，科学由传统的、相互割裂的产出模式逐渐转变为以实践为导向的跨学科产出模式。“模式 2”打破了高校教学与科研之间的界限。

② BENNEWORTH P，CHARLES D，CONWAY C，et al. Characterising Modes of University Engagement with Wider Society [M]. Newcastle upon Tyne：Newcastle University，2009：19.

③ ROESSLER I. Haben Hochschulen für angewandte Wissenschaften das Potential，Mode 3 Universitäten zu werden？[EB/OL]. CHE Centrm für Hochschulentwicklung，2015-06-10.

一、历史语境下的高校第三使命

（一）应用型研究与第三使命

长久以来，高校第三使命一直被视为高校应用型科研活动的代名词。事实上，二者存在着明显的差异。首先，应用型科研在传统意义上来看主要涉及的是经济，如为劳动力市场培养实践型劳动力，通过与企业合作获得第三方资助，技术转化为经济发展力等。而第三使命涉及的领域超越了经济层面，而是将整个社会纳入其发挥作用的范畴。承担社会责任、积极参与区域建设等均为第三使命的宏观职能。在这个意义层面上，应用型研究发挥的作用甚少。此外，二者的差异还主要体现在应用导向型教学、解决问题导向型科研是应用技术大学的特色。当高校将第三使命纳入其职能范畴的同时，也就意味着其需要承担对社会制度化的责任。第三使命是高校与社会协同发展的战略考虑与定位。

高校第三使命涉及的并不是全新的职能领域，确切地说，它是将高校除传统意义上的科研和教学外，多年来一贯进行的工作、任务、职能纳入一个新的概念范畴。高校的第三使命是在知识社会背景下，高校与校外世界的交互关系的总和。① 对高校第三使命的认知存在以下三种重要观点：其一，第三使命是高校除教学与科研外的一种独立使命。第三使命涵盖的高校活动与职能范畴非常有限。其二，第三使命不是独立于教学与科研外的一种任务，而是与它们交织在一起，并通

① THORN K, SOO M. Latein American Universities and the Third Mission-Trends, Challenges and Policy Option [M]. Washington D. C: World Bank Group, 2006: 23.

过教学与科研来实现和完成。因而，第三使命只是一种途径，通过这一途径可以完成高校的核心任务教学与科研。其三，第三使命是一类概念范畴，涉及的是与高校核心职能并不相关的另一类职能。它主要指的是近些年在高校中出现并逐步强化的一些新的工作活动，如促进社会民主化的活动或通过展览和音乐会等形式丰富高校文化等活动。因而，第三使命是一个多元化的概念体系，高校的教学与科研从根本上来看也可以被纳入其范畴。这三种观点的主要差异在于高校的三大主要职能教学、科研与第三使命交互的程度。

（二）教学、科研与第三使命

德国高等教育法（Hochschulrahmengesetz，HRG）规定德国高校的核心职能是维护和发展科学，即促进知识和科学方法的传授和不断革新。因此，教学与科研是高校的核心职能活动。然而，在高校职能的实施和运行中，维护与发展的职能往往已经超越了科研和教学活动本身。一方面，知识需要在社会实践领域中进行转化，推动社会发展；另一方面，社会也会影响高校教师的科研与教学。因此，高校与外部世界的影响是交互的。特别是在应用技术大学，教学、应用型科研与第三使命很难清晰地划分开，因为这三大职能本身就处于一种相互包含的动态关系之中。因此，很难或者根本无法将高校的某一项活动简单地归纳于其中一项职能。三者的关系正如图 6-1 所示：L 表示教学，F 表示科研，TM 表示第三使命。三者始终处于不断交互发展之中。

第三使命的出现是大学走向成熟化过程中的产物。在德国，不论是在高校管理层面（包括公立高校和私立高校）还是国家政策层面均大力支持和推动高校的这一进程。其中最具代表性的例子就是德国的

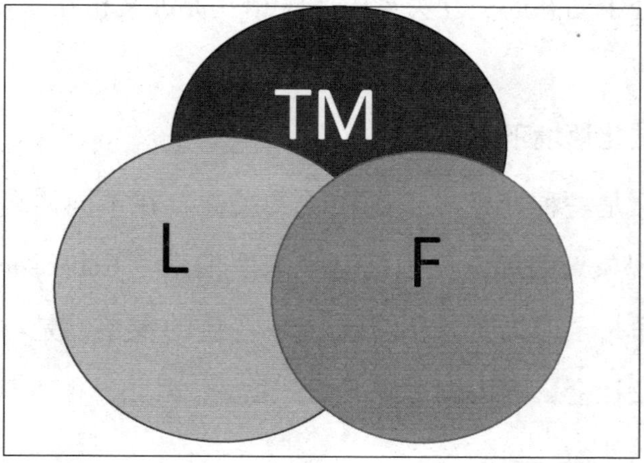

图 6-1 高校教学、科研与第三使命的交互关系

应用技术大学。德国应用技术大学（Fachhochschule，FH）诞生于 20 世纪 60 年代末期，起初仅仅作为以实践为导向的教学机构。从 1985 年起，FH 开始承担科研任务。自此，FH 涵盖了高校的两大核心使命：教学与科研。经过 20 多年的发展，FH 通过终身学习、技术转化以及科学交流等活动逐渐扩展了自身的职能，并将这些职能纳入“第三使命”这一概念范畴下。在某种意义上来说，德国应用科学大学是为第三使命而生的一类高校。原因在于，首先，FH 在科学知识向实践和应用科学的转化过程中拥有优势。应用科学与第三使命本身就处于交叉与重叠之中。技术转化无论是在应用科学还是在第三使命中都具有重要意义。应用型研究往往都是在与企业的合作中进行，这本身就构成了第三使命的固定组成部分。其次，在 FH 任职的教授需要拥有在非学术机构和部门至少三年的工作经验。因此，他们与社会、与经济机构形成了一定的网络，有助于日后科研成果的现实转化。

高校第三使命是社会历史前行驱动的产物，它与高校的传统职能教学与科研处于动态的交互关系中，既相互促进又相互影响。

二、区域化语境下第三使命

第三使命是一种在世界范围内受到关注，在不同语境下进行研究的教育发展现象。因此，英国社会学家罗伯森（Robertson）认为，高校的第三使命是全球化背景下具有区域特色的现象，是与区域框架条件、传统以及社会影响协调适应下的产物。① 因此，很难从全球语境下整体界定第三使命。

（一）第三使命的区域化表达

区域与高校第三使命的交互关系：一方面，区域化语境会决定第三使命的组织构成；另一方面，第三使命这一概念也会因研究者涉及不同的语篇内容而不断丰富、扩展以及差异化。荷兰社会教育学家本纳沃斯（Benneworth）等认为，在过去 25 年，高校第三使命在产权、专利以及商业化等方面的意义逐渐被削弱，② 而高校与各种社会组织、政府、机构的合作式交流逐渐成为高校第三使命的重要部分。由于区域语境差异，第三使命涉及的活动范畴以及目标群体本身就存在很大的差异。

---

① ROBERTSON R. Glokalisierung：Homogenität und Heterogenität in Raum und Zeit [C]. Wien：Böhlau Verlag，1998：192.

② BENNEWORTH P，CHARLES D，CONWAY C，et al. Characterising Modes of University Engagement with Wider Society [M]. Newcastle upon Tyne：Newcastle University，2009：46.

第三使命概念范畴界定的多样化主要体现在其概念自身的表达。在英国，高校第三使命又被称为“第三潮流活动”（Third Stream Activities），在澳大利亚被称为“社区参与”（Community Engagement），在德国又被称为“社会参与”（Gesellschaftliches Engagement）。

英国高等教育基金委员会（Higher Education Funding Council of England）近20年一直致力于资助以及有效推进高校知识技术交流和转化的合作框架。该合作框架的核心是建立跨机构间的互动交流平台，特别是高校与校外机构之间的互动平台。通过互动可以实现高校与用户（校外机构）之间的知识双向流动。[①] 知识转化与交流、校企合作等高校职能的延伸不断“涌出”第三使命的职能范畴，因此将其称为第三潮流（Third Stream）。鉴于高校第三使命所涉及的活动对推动和促进高校知识应用与开发，以及对社会政治、经济、文化发展的积极影响，威尔士高等教育基金委员会（Higher Education Funding Council for Wales）于2003年也开始对境内高校第三使命涉及的社会活动予以资助。这些社会活动包含服务社区、高校的区域角色、强化社会资本、促进经济发展的活动等，可以大致概括为商业服务、工作技能培养与知识开发。

有关高校第三使命另一个通行的表达是由澳大利亚高等教育圆桌会议（Business/Higher Education Round Table）于2006年提出的社区参与。第三使命将包围在高校体系下的社区（经济、社会、艺术等）纳入其职能活动范畴，从而弥补了教学与科研两大使命的不完整。尽管

① Public & Corporate Eoonomic Consultants, The Centre for Business Research, University of Cambridge. Evaluation of the effectiveness and role of HEFCE/OSI third stream funding [EB/OL]. CBR, 2009-04-15.

高校与社区的联系早已存在，然而进一步扩展的潜能巨大。高校对社区发展的意义不仅仅局限于推动区域经济增长、提升社会和人力资本，而更为重要的是对区域可持续发展的深刻影响。与社区参与这一概念类似，德国提出了社会参与。社会参与涉及的是高校与社会之间交互的、制度化的交流。目的是促进社会、经济、生态的可持续发展。这种参与超越了法律规定的责任和义务范畴。① 这就意味着，高校职能范畴的进一步拓展，即除了科研、教学、继续教育、发展和完善科学外，高校还应该促进其学习者的社会化过程，促进知识和技术的转化。此外，高校还承担着向公众传达其职能的任务，而这些职能均已超越了传统意义上的教学与科研，是一种与教育和科研处于动态交互关系的使命。

（二）差异化表达下的共性

上述区域化语境下的界定可以归纳为以下两种认识：其一，第三使命的职能范畴包含一切（通过委托）由高校执行的任务，如毕业生的知识转化和技术转化等；其二，第三使命包含了大量无法直接纳入高校传统使命，然而对社会以及高校发展意义重大的职能活动，这里主要强调的是对社会、区域以及经济发展的意义。无论是第三使命、第三潮流，还是社区参与或社会参与，其所涉及的职能领域均在经济、社会、政治、公益层面扩展了高校活动的辐射半径，凸显了高校在区域事务中的发展意义，并逐步成为高校活动中交叉性的职能领域。正如区域影响第三使命的活动范畴，第三使命也会对区域产生影响。近几十年来，高校对区域的影响受到广泛的关注，并以此为课题进行深

① BENNEWORTH P，CHARLES D，CONWAY C，et al. Characterising modes of university engagement with wider society［R］. Newcastle upon Tyne：Newcastle University，2009：25.

入的研究。德国学者舒伯特（Schubert）与科勒尔（Kroll）“在高校作为区域经济发展因素”（Hochschule Als Regionaler Wirtschaftsfaktor）的项目研究中，应用大量数据证明：区域内高校有助于提高国内生产总值、降低失业率、增加专利收益。[①] 与此同时，高校的区域责任从发展战略角度来看同样意义重大，区域责任是高校实现技术和知识转化的基本途径。

（三）第三使命的区域化影响因素

高校第三使命作为全球化现象具有强烈的区域特色，深受其所处区域的影响。这些影响因素可以划分为四类：其一，机构层面的影响，即高校为了获得收益，以特定相应机构的活动为导向，从事的一些职能活动；其二，文化层面的影响，社会对高校参与社会事务的重视、拒绝抑或是期待；其三，政策层面的影响，法律的框架条件、财政奖励与制裁均可以引导高校社会责任的参与范围与程度；其四，个人层面的影响，劳动力市场的优势以及个人的自我发展等。

鉴于上述四个层面因素的协同影响作用，高校第三使命职能的范畴界定在不同国家、不同语境下存在很大差异。比如：德国高校主要关注技术转化，而在拉美国家高校则主要强调满足社会需求，这里的社会需求主要是指区域或国家政策层面支持的一些活动，有助于城市规划的活动，或者增进居民健康的活动等。不同地区鉴于其政治、经济与社会框架条件的差异衍生出独特的高校第三使命范畴。因此，欧盟在其“欧洲高校第三使命指针和排序方法”项目（European Indicators and Ranking Methodology for University Third Mission，E3M）中

① SCHUBERT T，KROLL H. Bringing the region back in?［EB/OL］. German Higer Education Institutions（HEIs）between regional engagement and isolated business，2011-09-05.

强调指出：每所高校都是在自己国家进行其职能活动，因此全球化范畴内最佳的职能活动（第三使命）本身就是不存在的。① 此外，高校社会责任的范畴因区域的发展状况、政策框架条件以及文化差异而各不相同。比如：美国作为社会福利国家，其高校承担社会责任被视为对相对缺失的社会福利进行平衡和补偿的有效手段；而在德国，这种社会责任是国家的职责所在，对当地高校的意义微弱。除了社会政治因素，高校体系的历史也会深刻影响其第三使命的深度和广度。

三、欧盟语境下高校第三使命

于 2009 年 1 月—2012 年 12 月进行的 E3M 项目是迄今为止对高校第三使命进行的最为深入和广泛的一次科学研究。该项目并没有赋予第三使命全新的概念表达，而是在原有认识的基础上进一步发展了其概念范畴，将其界定为与教学科研紧密相连，强调技术转化与革新，突出继续教育与社会事务参与的高校职能活动，并强调指出：首先，技术转化革新与科研紧密相连，是高校活动超越高校、融入非学术环境的过程。其次，高校之间以及高校与公共或私有机构的合作关系可以逐步强化高校的民主价值与社会责任。E3M 项目将高校第三使命纳入更加广阔的范畴。在这一职能范畴下，高校致力于一切将高校内知识在非直接学术环境中的产出、利用以及应用的活动。第三使命强调的是高校与社会的交互关系，是高校传统意义上的教学与科研外（部分职能会重叠）的补充职能，而不能作为独立的职能范畴，第三使命也很难从教学和科研中独立分割出来。

① SDEIRO A，PADFIEldC，CARCÍA AC，et al. Green Paper-Fostering and Measuring Third Mission in Higher Education Institutions [EB/OL]. 2012-05-16.

荷兰社会教育学家本纳沃斯也赞同上述融合性的观点。他将高校的所有活动划分为四类，并将每一类划归为一种责任性活动。第一类：科研责任（Engaged Research），包含接受委托进行的集体科研项目、科研课题、特殊群体的科研（志愿者组织、非营利性组织等）；第二类：知识分享（Knowledge Sharing），向特定群体提供咨询服务、参与知识交流的公共资助项目、为相应群体提供自助式帮助、通过学业咨询进行知识转化、促进公共对话和媒体交流；第三类：服务（Service），将高校的优势资源以及服务便利化，使大众以及各领域专业人员可以有效利用这些资源和服务；第四类：教学（Teaching），传授实践方法，提供民众教育，举办公开讲座和研讨系列课程，向特殊群体提供继续教育培训课程，推广终身学习理念和相应课程。本纳沃斯认为：通过这四类活动将高校与社会、区域紧密连接在一起，高校实现了其社会责任，社会推动了高校的内涵式发展，区域—高校—社会发展走向一体式模式。参与区域事务已成为高校发展不可或缺的一环。全球高校排名项目（“U-Multiank”）也将区域参与列入高校评估的重要层面。参与区域事务是高校第三使命的鲜明特色。欧洲大学观察第一项目（Prime Project Observatory of the European University，PRIME-OEU）进一步细化了高校第三使命的考察元素。该项目并没有像本纳沃斯的研究将高校的第三使命划分为彼此区别、差异存在的四个类型，而是将其界定为含有第三使命职能的八个范畴：人力资源、精神财富、副产品产出、与工业部门的合作协议、与社会公共事务机构的合作协议、参与政治、参与社会文化生活、促进公众理解科学。①

---

① LAREDO P. Toward a third mission for Universities [EB/OL]. UNESCO，2007-05-23.

在关于高校第三使命的不同研究课题中，所列举的第三使命的多元化职能见表6-1。

表6-1 第三使命的多元化职能

多元化职能	项目出处
技术转化与革新	E3M Project①/PRIME-OEU②
校企协议/商业服务	PRIME-OEU
继续教育/教学/人力资源/ 培养技术劳动力	E3M Project/Benneworth/ PRIME-OEU
社会责任	E3M Project
参与社会公益和文化生活	PRIME-OEU
科普	PRIME-OEU
参与政治政策事务	PRIME-OEU
服务/社区服务	Benneworth
与社会公共机构合作	PRIME-OEU
参与区域事务/区域发展	U-Multirank③
分享知识/知识转化	Benneworth
精神财富/开发知识	PRIME-OEU

欧盟内部高校通过技术转化、继续教育、社会事务参与等活动，逐步强化了与校外世界的多元化互动与合作。合作形式的多样化不断扩展了高校的职能领域范畴。这种扩展带来的不仅仅是职能活动的主题多样化，同时也产生地域和界限上的连锁反应，高校与社会之间的壁垒不再存在，它们之间的交流不断刷新着地域界限。

① European Indicators and Ranking Methodology for University Third Mission，简称E3M。
② Prime Project Observatory of the European University，简称PRIME-OEU。
③ 全球高校排名。

四、欧盟高校第三职能的战略定位

2009 年，欧盟制定了职业教育与培训战略合作框架（ET 2020），并将“促进创新和创造”纳入该框架的第四大战略目标。2014 年欧盟委员会（Europäische Kommission）提出了知识三角论（Wissensdreiecke）：通过教育、科研和创新使高校为社会创造更多的工作岗位，进而推动社会经济发展。高校发展关注经济，与企业合作互动已成为欧盟高校职能活动的重要组成部分。应用性科研、与企业合作式科研、委托科研逐渐发展为高校教学和科研内与外的第三大使命。以第三使命为概念范畴的职能活动和工作领域逐渐渗透到欧盟高校发展的各个层面。应用技术大学甚至已经将这些活动纳入高校的战略发展规划，并通过聚焦不同的角度来逐步强化其高校特色，其战略导向主要可以概括为以下几点：

（1）明确将第三使命纳入高校发展的战略规划。在高校科研战略中将涉及科研的第三使命纳入独立的战略规划，如制定专利战略、技术转让战略、合作战略，逐步形成高校特色的第三使命战略。

（2）设立转化机构，或者从组织机构上强化转化职能。技术转化机构的职能是建立和推动合作。转化机构的重要性在于通过设立专业的部门和岗位，实现专人专事，从而可以简化高校教职员工在此类行政事务方面的工作。

（3）强化学生参与技术转让机制。学生参与技术转化最有效、最深入的形式是二元制学制，即学生在高校学习的同时接受企业的职业培训。具体形式包括学生参与科研项目、实习学期、项目学期（或项目周、项目研讨课）、毕业论文（学生深入企业，结合自身专业，以解决企业实际问题为出发点的毕业论文）等。通过这些形式，一方面，学生迈出了其职业生涯的重要一步，另一方面，教授通过对学生毕业论文的指导也与企业建立了联系。

（4）进一步拓展与校外伙伴的合作。通过各种倡议计划从国家和高校自身层面上加强高校网络建设；校外合作对象包含区域内外企业、科研机构以及社会机构，如协会、工会、教会等。校外合作关系逐步常态化、制度化，从而保持合作的长期性与稳定性。

（5）强化校内外人员的双向交流和流动。鼓励教师积极参与相关委员会、专业学会以及工作学会，积极引进校外机构专业人才，促进人员的交流与合作。

（6）进一步探讨继续教育的实现路径。目前，欧盟高校继续教育项目的主要形式有资格认证培训课程、专家课堂（Professional Schools）、终身学习课堂（Lifelong Learning）等。

（7）积极参与区域事务。高校通过加强区域合作、构建区域网络、处理区域发展问题来主动积极参与区域事务，并在此过程中逐渐确定高校的发展特色。

（8）促进科学交流。知识的产出不仅应使学术群体受益，更重要的是要让社会大众和经济发展受益。因此，一切有助于科学交流的形式都应积极尝试，如出版学术刊物与书籍、开设儿童大学、举办行业对话、开放高校资源等。

五、结语

高校第三使命是在全球化背景下具有区域特色的现象，其所涉及的职能领域在经济、社会、政治、公益层面扩展了高校活动的辐射半径，凸显了高校在区域事务中的发展意义，并逐步发展为高校职能中与教学科研相互融合的职能领域。当前，欧盟高校处于激烈的竞争中，如何树立欧盟高校的世界优势，吸纳更加多元化的资金来源，吸引更加优质的人才与生源是高校改革的重点。为此，欧盟启动了针对高校—企业—科研机构，以促进科学技术发展与创新的“视野 2020”（Horizont 2020）科研发展促进框架项目。该框架项目涵盖了广阔的基础科研领域，其核心研究领域为生物科学、自然技术科学以及工业社会经济学。项目的主要目标是弥合科研与市场之间的差距，用以提高欧洲高校、企业与科研机构的竞争力。“Horizont 2020”第一次将欧盟内部以下主要的科研与创新项目连接为一体：科研框架项目、欧洲创新与科技研究所项目、创新与竞争力框架项目。以科研驱动创新，以市场为科研导向，促进高校—企业—科研机构的一体化协同发展。此外，欧盟内部各国也积极开展相关项目。德国联邦教育与科研部于 2016 年批准了周期为 10 年总计 555000000 欧元的“创新型高校”（Innovative Hochschule）专项基金，用于资助高校的第三使命职能活动。其中一半资金用于应用技术大学。该项目将高校第三使命的改革定位提升到政策高度。这一项目为应用技术大学带来了机遇，在利用其原有优势的基础上，不断扩大第三使命的职能活动，逐渐形成特色化的高校。

当前，中国高校正处于改革的上升期。改变均衡发展模式，鼓励高校竞争，推进高校特色化发展，深化差异化发展，既是高等教育领域进一步发展的主要诉求，也是其主要的改革着力点。因此，通过借鉴欧盟高校第三使命的发展战略与理念，从国家与高校两个层面进一步拓展第三使命职能范畴，逐步探索多元化和差异化的发展路径，是我国高校特别是应用技术类大学特色化发展的一条重要思路。

第二节　基于 FIFTH 项目的德国应用技术大学第三使命效能评估研究

应用型高校科研与第三使命表征研究（Facetten von und Indikatoren für Forschung und Third Mission an Hochschulen für angewandte Wissenschaften，下文简称 FIFTH）是 2013 年 10 月 1 日—2016 年 9 月 30 日受德国教育与科研部委托和资助，由德国高校发展中心（Centrum für Hochschulentwicklung，下文简称 CHE）推动实施的高校评估项目。该项目的目标是研发科学动态的多元化评价模型，用于全面客观地评估德国应用技术大学的科研以及与科研相关的高校第三使命。

第三使命涉及的并不是高校全新的职能领域，确切地说，它是将高校除传统意义上的科研和教学外，多年来一贯进行的工作、任务、职能纳入一个新的概念范畴。高校第三使命是在“知识社会背景下，高校与校外世界的交互关系的总和”①。第三使命涉及范围广阔，包含继续教育、知识和技术转化、区域参与以及社会责任等众多职能活动。在德国，第三使命是应用技术大学的特色和发展重点。第三使命为应用类高校特色化发展提供了机遇和挑战，是其逐渐走向综合类大学差异化发展的重要路径。

---

① THORN K，SOO M. Latein American Universities and the Third Mission-Trends，Challenges and Policy Option［M］. Washinyton D. C.：World Bank Goup，2006：23.

一、评估模型

（一）评估对象

FIFTH 项目以德国应用技术大学为主要评估对象。应用技术大学诞生于20世纪60年代末期，起初仅仅作为以实践为导向的教学机构。从1985年起，FH 开始承担科研任务。自此，FH 涵盖了高校的两大核心使命：教学与科研。经过20年的发展，FH 通过终身学习、技术转化以及科学交流等活动逐渐扩展了自身的职能，并将这些职能纳入“第三使命”这一概念范畴下。从某种意义上来说，德国的 FH 是为第三使命而生的一类高校。原因在于，首先，FH 在科学知识向实践和应用科学转化中拥有优势。FH 关注应用型研究，而应用型研究往往都是在与企业的合作中进行，这本身就是第三使命的固定组成部分。技术转化在应用科学和第三使命中都具有重要意义。因此，FH 实现了应用科学与第三使命的交叉与重叠。其次，在 FH 任职的教授需要拥有在非学术机构和部门至少三年的工作经验。因此，他们与社会与经济机构形成了一定的网络，有助于日后科研成果的现实转化。德国应用技术大学的第三使命既是其高校的基本职能，同时也是其特色化发展的重要路径。

（二）评估模型的设计

借用“企业参与社会的效应评估模型”，CHE 将高校第三使命扩展为包含四大范系——先决条件（Vorbedingungen）、活动（Aktivitäten）、结果（Resultat）与效果（Folgen）的整体化评估模型。通过对这四大范系的协同考察，以期形成对高校第三使命过程性评估，进而有助于较为全面动态地考察高校这一职能。其中，先决条件作为高校的投入

（Input）是必要的，如适合的人员从事相应的活动、与活动涉及的机构建立联系等；接着需要借助高校的先决条件（Vorbedingungen）来实施各种活动（Aktivitäten）——输出（Output），如与社会共同建立合作项目、与企业共同规划继续教育模式等；通过活动（Aktivitäten）产出了一定的结果（Resultate）——产出（Outcome），如在专业期刊中发表相关科研成果等。这些结果均会对社会有直接或间接的影响，高校职能活动的结果对社会产生的影响被视为效果（Folgen）。这四大范系的关系如图 6-2 所示。

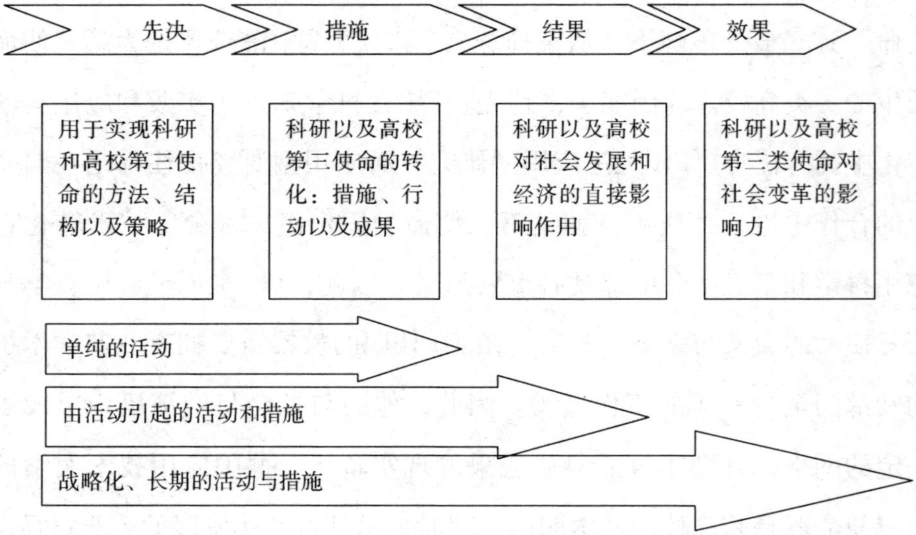

图 6-2　高校第三使命整体化评估模型

图 6-2 中四者的动态关系表现为假如前提条件有助于高校相关活动的开展与实施，那么就会取得相应的结果，进而产生进一步的影响，这种影响也会逐渐改变高校现有的先决条件，从而形成动态的循环往复的良性过程。具体而言，有利于高校开展第三使命的先决条件包含适合的组织结构、校内外网络化、适当的人员、充足的财政预算。高

校第三职能实施的活动则涵盖委托科研、校企合作、校社合作、践行社会责任、科学技术转化、继续教育、参与区域事务等。高校第三职能活动的结果则可以是出版学术科普书籍、实现科学交流。这些结果最终产生的影响是社会革新与经济发展。

（三）评估指标与过程

在评估指标的设置中，CHE 主要参照了以下三大评估项目的指标模型："欧洲高校第三使命指针和排序方法"、全球高校排名（U-Multiank）以及欧洲大学观察第一项目（Prime Project Observatory of the European University，简称 PRIME-OEU）。

其中于 2009 年 1 月—2012 年 12 月实施的 E3M 项目是迄今为止对高校第三使命进行的最为广泛的一次科学研究。该项目在对高校第三使命评估中重点关注技术转化与革新、继续教育与社会事务参与。上述职能活动使高校活动超越高校，融入非学术环境，从而可以逐步强化高校的民主价值与社会责任。

国际高校排名 U-Multirank 则从五个层面量化了参评高校的优势与劣势，这五个层面分别为教学、科研、知识转化、国际定位与区域参与。值得关注的是，此次排序将以往评估从未涉及的知识转化和区域参与纳入了考察指标，而这两个层面均属于第三使命的范畴。U-Multirank 的最大特色是评价角度和层面的多元化，不仅从高校层面，同时兼顾专业层面。截至 2016 年共有 1300 所高校的 13 个专业中 3200 个专业方向参与了此次评估。

欧洲大学观察第一项目进一步细化了高校第三使命的考察元素，将其划分为含有第三使命职能的八个范畴：人力资源、精神财富、副产品产出、与工业部门的合作协议、与社会公共事务机构的合作协议、参与政治、参与社会文化生活、促进公众理解科学。

在不同关于高校第三使命的研究课题中，所列举的第三使命多元化职能见表 6-2。

表 6-2 第三使命的多元化职能

多元化职能	出处
技术转化与革新	E3M Project/PRIME-OEU
校企协议/商业服务	PRIME-OEU
继续教育/教学/人力资源/ 培养技术劳动力	E3M Project/Benneworth/ PRIME-OEU
社会责任	E3M Project
参与社会公益和文化生活	PRIME-OEU
科普	PRIME-OEU
参与政治政策事务	PRIME-OEU
服务/社区服务	E3M Project
与社会公共机构合作	PRIME-OEU
参与区域事务/区域发展	U-Multirank
分享知识/知识转化	Benneworth
精神财富/开发知识	PRIME-OEU

在借鉴上述三大评估模型指标设定的基础上，CHE 将 FIFTH 项目发展为包含四大范系涉及了 16 项指标的整体化模型，其中每项指标下又通过不同的具体问题进行量化，详见表 6-3。

表 6-3　FIFTH 项目的考察指标

	指标	指标项目	指标解释	问题
先决条件	指标 1	第三方资助	来自国家、州、德国科研基金会、其他组织的用于资助高校相关研究项目的资金	上一年度该校获得的第三方资助的总额?
	指标 2	全职科研教学人员	在高校中从事教学科研工作的全职人员数量	该校上一年度全职从事科研教学的人员数量?
	指标 3	科研设备	科研仪器、场所以及设备	该校科研设备资产总额?
	指标 4	科研重点	现有的科研重点学科	该校现有的科研重点学科?
	指标 5	科研网络建设	与其他高校以及科研机构的科研网络建设	该校有多少教学科研人员加入学科内部的协会、委员会以及相关学术社区等组织?
	指标 6	校外网络建设	与校外机构的合作网络建设	该校有多少教学科研人员加入校外的协会、咨询委员会或工作小组等组织?
活动	指标 7	科研计划与项目	校内外受资助的科研计划或科研项目	该校尚在运行的、校内外受资助的科研计划或科研项目数量?
	指标 8	后备力量培养	一切有助于高校科研后备力量培养的举措；博士生的联合培养等	在过去三年中，该校联合培养项目的博士生与硕士生数量?
	指标 9	校企合作	与校外企业的科研合作项目；与校外企业、机构以及社会团体的合作项目数量	过去一年中，该校所进行的科研合作项目数量? 参与这些项目的教学科研人员数量?
	指标 10	社会人员的校内进修	与本区域企业、机构、社会团体的合作，承担本区域相关人员的进修	该校在过去一年中所采取的促进继续教育的措施?
	指标 11	区域毕业生就业吸收率	毕业生在本区域的初次就业量	该校毕业生在本区域（50km以内）初次就业的数量?

续表

	指标	指标项目	指标解释	问题
结果	指标 12	科研发表	书面或口头针对科学行业协会内同人公开发表的学术成果，包括纸质媒体、报告、线上媒体等。其中纸质媒体涵盖：发表于学术期刊上的论文、论文集、专题论著；报告是指参加学术会议中发表的报告；线上媒体则指在网络线上公开发表的研究报告、工作总结等	在过去一年内，受众为行业内专家学者，该校教学科研人员公开发表的学术成果有哪些？
	指标 13	科学普及与交流	书面或口头针对校外受众公开发表的学术成果	在过去一年，针对专业和普通受众，贵校所发表过的书面或口头学术科普成果有哪些？
	指标 14	精神财富的产出与保护	创造性活动的成果，如研发新产品，提出新理论	在过去一年，贵校申报专利数量？
效果	指标 15	社会认可	社会通过资金资助以及奖励对高校的科研成就与科研能力进行不同程度的认可。该指标主要借助私有企业对高校的第三方资助额度以及该资助占高校全部第三方资助的份额来考察	① 2016 年您所在高校获得的第三方资助的额度？其中德国科学研究协会（DFG）资金、州资金、国家资金、基金会基金、私有经济企业资金以及社会活动家的资金分别是多少？ ②过去三年您所在高校教授获得的进修奖励与创新奖励的数量？
	指标 16	科学认可	科学协会通过资金资助以及奖励对科研成就与科研能力的认可。作为专业领域相关资助评定人的数量	该校多少名教授为第三方资助（包括 DFG、BMBF、EU 等）的审核人？

为了保证评估结果的科学性与有效性，在实施评估前，CHE 对评估模型进行了多次修订和预评估。该过程主要表现为以下九个步骤：

① 文献分析（应用型研究以及第三使命的提纲，正在使用的评估指标）；

② 采访高校相关人员（科研与第三使命的工作范围）；

③ 制订科研与第三使命的多元化指标；

④ 第一次专家评估（第一次评估制订的模型）；

⑤ 对高校领导定量访谈（评估该模型）；

⑥ 第二次专家评估（由专家再次进行评估）；

⑦ 开发评估指标以及用于该模型操作的调查工具；

⑧ 在应用技术大学试用调查工具；

⑨ 实践测试（应用高校和专业领域的真实数据）。

二、评估结果与分析

（一）教学科研外的第三使命：应用技术大学凸显其较之于综合类大学（Uni）的优势

此次评估以德国 202 所高校领导层的自我评价为出发点，评估的核心内容为其所在高校的特色化程度以及该特色化是否涵盖了高校第三使命职能活动。共有 143 位校长参与了此次评估，其中 42.2%的为应用科学大学校长。

他们分别从以下多个层面和角度评估其所在高校科研与第三使命的多元化效应：高校内外的合作网络建设、科研网络建设、与企业的科研合作、科学技术转让、学生参与科研、参与区域事务、科研成果的发表、经济创新改革、科学交流、承担社会责任、科学后备力量的资助与培养、科研进修、社会对该高校的认可度、尚未开辟的科研领域、科学认可度、社会变革力、与校外机构联合发表学术成果等。评估显示：受访高校的职能业务均已涉及了第三使命的活动范畴，且大多数高校领导层对其所在高校涉及第三使命业务持积极肯定态度。参与此次评估项目的80%应用技术大学的校长认为：其所在高校在第三使命职能活动中表现积极，特别是积极地建设校外合作网络、科研网络以及校企合作网络，并高度重视科学技术转让、学生参与科研以及参与区域事务。详细数据见表6-4：

表6-4　高校领导层对高校第三使命职能活动的自我评估①

重点	特色	我所在高校在该层面的表现				基数
		不积极%	不太积极%	积极%	十分积极%	
科研	科学网络化	0.0	12.7	59.5	27.8	79
	内部现有科研成果	1.3	26.6	49.4	22.8	79
	培养科研后备力量	5.1	21.8	48.7	24.4	78
	科学发表	1.3	19.5	59.7	19.5	77
	科学认可	2.7	39.7	42.5	15.1	73
科研/第三使命	与企业的科研合作	3.9	9.1	37.7	49.4	77
	与社会公益机构的科研合作	1.3	26.6	43.0	29.1	79
	学生参与科研与第三使命	2.5	13.9	54.4	29.1	79
	知识与技术转化	2.6	11.5	57.7	28.2	78
	参与外部专家鉴定	3.8	38.0	46.8	11.4	79
	应用	19.7	62.0	15.5	2.8	71
	未发表的科研报告	0.0	38.4	52.1	9.6	73
	创造性活动的成果	5.5	41.1	45.2	8.2	73
	经济发展的创新力	5.7	15.7	52.9	25.7	70

① BENNEWORTH P, CHARLES D, CONWAY C, et al. Welche Missionen haben Hochschulen? Third Mission als Leistung der Fachhochschulen für die und mit der Gesellschaft [R]. Gemeinnütziges Centrum für Hochschulentwicklung, 2015: 9.

续表

重点	特色	我所在高校在该层面的表现				基数
		不积极%	不太积极%	积极%	十分积极%	
第三使命	校外网络化	0.0	7.6	50.6	41.8	79
	继续教育	5.0	23.8	43.8	27.5	80
	社会责任意识	2.5	22.5	55.0	20.0	80
	参与区域事务	1.3	16.3	32.5	50.0	80
	科学交流	0.0	24.7	59.7	15.6	77
	与校外机构合作发表	2.7	42.7	48.0	6.7	75
	校外认可	2.7	27.4	60.3	9.6	73
	社会革新	1.3	44.0	41.3	13.3	75

在具体多元化职能业务中，技术转化路径与校企合作模式受到特别关注。参与评估高校的一半领导层表示，其所在高校积极参与校企合作；校企合作已经被视为高校第三使命职能的特色，并被纳入高校战略发展的核心。评估显示：75%的应用技术大学（Fachhochschule，简称 FH）教授与80%综合类高校（Universität，简称 Uni）教授与校外机构均进行过科研合作；而在这些合作项目中，61.7%的 FH 教授与企业进行合作，而38.1%的 Uni 教授与企业合作。

根据各高校在上述涉及第三使命多元化职能活动中的积极程度，CHE 评估小组进一步将德国参与评估的高校划分为以下几类。

表 6-5 德国高校第三使命实施程度划分表

类型	界定	比例
A 类高校	在所有职能活动中均表现积极	17.7%
B 类高校	在大多数职能活动中表现积极	8.9%
C 类高校	在多数职能活动中表现积极	10.1%

续表

类型	界定	比例
D 类高校	在科研/第三使命职能中总体表现积极，然而无法具体到每项职能活动	8.9%
E 类高校	具有明确的科研特色	19.0%
F 类高校	无科研活动	6.3%
G 类高校	不关注科研和第三使命	18.9%

需要注意的是，表 6-5 中 G 类高校在科研和第三使命活动中的消极表现部分原因在于其学校规模。高校的规模也直接决定其职能活动开展的程度。5000 名学生以上的高校在科研和第三职能活动层面的积极性明显高于不足 1000 人的应用科学大学。

（二）转化形式多元化的第三使命：知识与技术转化的多路径化

转化是高校第三使命发展的重要任务。应用技术大学在知识与技术转化层面意义重大。FIFTH 评估显示：为了有效推动技术转化，74%受访高校均设立转化机构，或者从组织机构上强化转化职能。转让机构的重要性在于：通过设立专业部门和岗位，实现专人专事，从而可以简化高校教职员工在行政事务方面的工作。转化的实现形式包含构建跨学科性质的校内外网络化合作交流平台、平行双边聘用校内外人员、加强校内外的人员交流等。此次评估证明，第三使命职能下的知识与技术转化主要借助以下三种具体形式：

①校企合作项目：这些合作项目由合作双方共同承担经费，也有部分项目由第三方机构（BMBF、BMWI）提供经费。企业为了紧跟技术革新的步伐，不得不与高校合作，推动其产品的更新与换代，企业需要高校的技术支持。近十年来，在德国“高科技战略”（Hightech-Strategie）的支持与推进下，校企合作的广度与深度得到不断拓展。该

战略旨在不断创造新的条件和措施扩展高校与经济与社会的合作潜能。就应用技术大学而言，高科技战略加速和强化校企合作的网络化，从而激发了高校对区域经济和社会发展的革新潜能。① 2007 年在高科技战略规划的推动下，德国教育部进一步开展了“精英集群”项目，经过三轮严格评审，截至 2012 年年初已有 15 个校企集群获得了为期五年的各 40，000，000 欧元的资助。需要关注的是，此次评估数据显示，应用技术大学的校企合作对象不仅涉及区域内企业，合作范畴还进一步扩展到一些社会机构，如协会、工会、教会等。校外合作关系逐步常态化、制度化和战略化。

②学生转化：知识与技术的转化、校企合作同样需要依靠高校学生这一群体。学生参与技术转化最有效、最深入的形式是二元制学制，即学生在高校学习的同时接受企业的职业培训。目前德国拥有尚在运行的二元制职业培养②项目 379 个，此外还有 309 个实践一体化项目，以及 121 个二元制职业一体化③项目。学生可以通过多样化的形式加速知识与技术转化，具体形式包括学生参与科研项目、实习学期、项目学期（或项目周、项目研讨课）、毕业论文（学生深入企业，结合自身专业，以解决企业实际问题为出发点的毕业论文）。通过这些形式，一方面学生迈出了其职业生涯的重要一步，另一方面教授通过对学生毕业论文的指导与企业建立了联系。例如：萨克森-安哈特州自 2012 年起开始实施的“铸造灵感—高校与经济的碰撞”（Ideenschmiede

① BERTHOLD B，MEYER - GUCKEL V，ROHE W. Mission Gesellschaft Engagement und Selbstverständnis der Hochschule：Ziele，Konzepte，internationale Praxis［EB/OL］. Stiftung Mercator，2021-08-03.

② 即学生在获得高校毕业证的同学可以获得职业培训毕业证。

③ 参加该培养项目的前提是需取得相应职业院校的毕业证书，且拥有一定年限的相关工作经验。

Transfergutschein-Hochschule trifft Wirtschaft）资助计划。该项目旨在资助高校与企业的合作项目与高校学生的毕业论文。截至 2015 年，该项目共资助了 1566 个相关申请。通过这一项目，不仅促进了学生的科学技术转化，同时也使高校与企业建立了联系，进而使高校主动参与区域发展的进程中。巴伐利亚州、巴登-符腾堡州以及北莱茵-维斯特法伦州为了鼓励和促进高校第三使命的开展，均推出了创新资助资金，重点资助中小企业与高校合作的小型科研项目与启动项目。

此外，高校学生创业也有效推动了知识与技术转让。在 202 所受访高校中，其中 168 所（83.2%）学生和相关科研人员获得了创业基金。仅 2014 年，受访高校中孵化的创业项目就高达 1700 个，且这个数字还在逐年增加。

③外来专家评议：高校知识转化还可以借助外来同行专家介入相关项目来实现。成立顾问委员会，对高校的课程设置与科研导向提供建议和评估。

（三）强调社会参与的第三使命：第三使命职能活动的不断拓展

早在 2006 年德国高校发展中心就提出了社会参与。社会参与涵盖的是“高校与社会之间交互的、制度化的交流，目的是促进社会、经济、生态的可持续发展。这种参与超越了法律规定的责任和义务范畴”。这就意味着，高校职能范畴的进一步拓展，即除了通过科研、教学、学习、继续教育、发展和完善科学外，高校还应该促进其学习者的社会化过程。在此次评估中，85%的 FH 校长表示，在过去十年间，其所在高校参与区域事务深度和广度在不断增加和拓展，而 74%的高校校长认可了综合类大学的这一趋势。这些趋势主要体现在：

①研究社会问题：研究并试图解决社会发展中的问题。高校科研

应以社会需求为导向。社会问题往往都是一些跨学科问题，研究这些问题需要各学科之间的通力合作，这一过程恰恰有效地推动了高校的跨学科建设。解决社会问题为高校开辟了广阔的科研领域，有助于进一步强化应用技术大学的自身定位。

②继续教育：继续教育一方面可以促进高校与企业之间的知识转化；另一方面也有助于高校及时发现社会生产实践中的问题，从而尝试解决实际问题。因此，继续教育与科研也存在着关联。目前，德国高校继续教育项目的主要形式有资格认证培训课程、专家课堂（Professional Schools）、终生学习课堂（Lifelong Learning）等。

③与社会公益组织的合作：如教会、社会公益福利组织、中小学、幼儿园。尽管高校与社会公益组织的合作交流频率与深度远远低于高校与企业的合作，然而前者正在逐步增长。

④科学交流：知识的产出不仅使学术群体受益，更重要的是让社会和经济发展受益。因此，一切有助于科学交流的形式都获得了积极尝试，如出版科研成果与科普读物、组织专业学术组织、承办学术会议、举办学术报告、承办相关学科展览与展示，除了这些传统的交流形式，高校还开展了高校开放日、儿童大学、校内外对话论坛等，促进校内外知识的双向流动。

（四）凸显高校区域责任的第三使命：区域高校协同发展

长久以来，高校第三使命一直被视为高校应用型科研活动的代名词。事实上，二者存在着明显的差异。首先，应用型科研在传统意义上来看主要涉及的是经济，即为劳动力市场培养实践型劳动力，通过与企业合作获得第三方资助，技术要转化为经济发展力。而第三使命涉及范畴超越了经济层面，将整个社会纳入其发挥作用的范畴。承担社会责任、积极参与区域建设等均为第三使命的宏观职能，而在这个意义层面上，应用性研究发挥的作用甚少。

应用型导向是应用技术大学的特色，实践导向型教学，解决导向型科研问题。因此，当高校将第三使命纳入其职能范畴的同时，也就意味着其需要承担对社会的责任。一方面高校通过加强区域合作、构建区域网络、处理区域发展问题、主动积极参与区域事务，逐渐确定高校的发展特色；另一方面，高校对区域经济发展的推动作用巨大。舒博特与科勒尔“在高校作为区域经济发展因素”（Hochschule als regionaler Wirtschaftsfaktor）的项目研究中应用大量数据证明：区域内高校有助于提高国内生产总值、降低失业率、增加专利收益。[①] 如：借助高校的大型项目资助，东威斯特法伦立彭（OstWestfalenLippe）地区实施了产业集群化建设，通过该项目，区域内的 50 家企业和 5 个科研机构提供了 80000 个工作岗位。

高校的区域合作不仅涉及短期的一次性合作伙伴关系，同时还包含长期的合作协议关系。这种合作超越科研本身，高校不仅强化了自身的特色，同时也树立了自身在区域内的形象。

三、结语

德国总共有 423 所高校，其中 30.5%为综合类大学，50.0%为应用技术大学（FH）和应用科学大学（HAW），其余为管理学院或艺术音乐院校。为了在众多的高校中脱颖而出，特色化就成为其发展的重要使命。拥有特色的高校才能赢得知名度，进而成为经济和科研合作中

① SCHUBERT T，KROLL H. Bringing the region back in?［EB/OL］. German Higer Education Institutions（HEIs）between regional engagement and isolated business，2011-09-05.

具有吸引力的伙伴。第三使命是高校的特色化发展的战略考虑与定位。高校聚焦不同的第三使命职能活动来逐步强化其特色。FIFTH 项目的评估已充分显示出，应用技术型大学已将第三使命的活动视为应用型研究的一部分，并已将涉及科研的第三使命纳入高校独立的战略规划，如制定专利战略、技术转让战略、合作战略等，进而逐步形成高校特色的第三使命战略。此外，随着世界的多极化和复杂化，高校第三使命的职能范畴将会进一步扩展，高校与社会、区域的关系逐渐会走向一体式模式，从而最终形成良性双向的互动协作关系：高校实现其社会责任，社会推动高校内涵式发展。

第三节 德国促进青年科研后备力量职业发展战略措施研究——以德国科学研究会为例

多年来，德国在全球创新能力排名中屡屡拔得头筹。持续的科研创新能力使德国在科研产出、人才培养、区域一体化建设中不断取得卓越的成果。科学研究的杰出性依赖于科研人员的创新性。高素质的科研后备力量是确保德国研究能力、创新能力与学术培养能力的前提。青年科研后备力量是指处于科研培养不同阶段的青年科研群体的总称。他们包括在高校以及校外科研机构从事相关科研工作的博士生、博士、博士后、青年教授以及助理教授等。保持青年科研后备力量高水平的培养质量与创设具有吸引力的职业结构和前景是德国科研政策的核心。

德国科学研究会（Deutsche Forschungsgemeinschaft，DFG）是德国促进科学研究的自治组织，也是欧洲最大的科研资助机构之一，致力于持续推动德国与欧洲科研一体化空间建设。DFG 在德国高等教育与科研领域发挥着重要作用，其委员会成员、申请者以及评估专家中的大多数均在德国高校和相关科研机构中工作。DFG 的核心理念是建设与完善科研友好型、职业发展型的组织结构，创设创新性科研的最佳条件与环境，保证德国科学研究持续发展的动力。① 并以此形成了 DFG 的工作领域：通过竞争性评比资助卓越科研项目，资助科研人员职业成长，建立灵活的个人资助形式，促进跨学科产学研合作，为高校、政府和公共机构就科研议题提供政策咨询。其中促进与支持科研后备力量的职业发展是 DFG 创新型人才培养战略的工作重点。为此，DFG 依托多元化的资助形式、结构化的培养模式、国际化的衔接路径、人性化的管理措施以及多样化的性别平等政策，不断提升青年科研后备力量职业道路的吸引力与透明度，不断优化由科研培养进入职业阶段的过渡方式，不断改善青年科研后备力量职业发展的机会平等问题，促进其国际竞争力与流动性，从而逐步发展成德国乃至欧洲资助与支持青年科研后备力量成长的重要组织机构。

一、多元化的资助形式

保证青年科研后备力量持续、定制化的职业发展是德国科研与创新战略实施的出发点。借助资助方式的有机组合，DFG 逐步形成了针对科研人员职业发展的系统化资助与支持方案。DFG 的资助是一种多元化与差异化相结合，长期与短期项目合理衔接，不断扩大青年科研后备力量资助覆盖面的立体式资助体系。目前采用的资助形式主要有

① Leitlinien zur Sicherung guter wissenschaftlicher Praxis［EB/OL］. Deutsche Forschungsgemeinschaft（DFG），2020-03-15.

以下五种：直接资助、间接资助、战略化资助平台、青年科学家晋升计划与 DFG 科研后备奖。

直接资助（个人资助）：DFG 针对个人的资助形式，主要面向刚刚毕业以及毕业年限不超过一定时期（四年）的博士。博士是否可以继续进行或深化其博士阶段的科研课题成为很多青年博士面临的两难选择。DFG 通过直接科研资助为博士创新性深化其研究提供了保障，并为其独立性开展科研开辟了道路。直接资助的主要平台有三个：瓦尔特·本杰明项目（Walter Benjamin-Programm）、艾米诺特项目（Emmy Noether-Programm）与海森贝格项目（Heisenberg-Programm）。瓦尔特·本杰明项目主要资助博士毕业后的科研人员在国内外开展其个体科研项目（国外奖学金项目，国内博士后学习）。2020 年共有 1004 名科研人员获得该资助。Emmy Noether 项目针对特别优秀的科研人员（通常为博士毕业四年内），为其提供了以高校教授身份聘期六年内独立管理科研团队的机会。Emmy Noether 项目一方面为尚未获得大学授课资格的青年科研人员提供职业化融入的机会，另一方面亦为其创设了施展和发挥其科研能力的平台。2019 年的项目监控显示：70%受该项目资助的科研人员在聘期结束前已被正式聘为教授。Heisenberg 项目则主要面向满足终身教授条件的科研人员，即完成 Emmy Noether 项目的科研人员、科研后备力量工作组领导、DFG 项目负责人，重点资助评估优异的青年教授、获得教席职位的科研人员，资助其完成高水平的科研项目，并以此建立和强化其科研名望与声誉。该项目的 4 种申请类型为 Heisenberg 职位、Heisenberg 名誉职位、Heisenberg 教授、Heisenberg 奖学金。获得资助后，可在这四种类型内进行选择，也可在为期四年的资助期内将这四种类型进行合理的衔接和切换。2020 年共计 47 人获得此项资助。

间接资助：一种依托项目的资助形式。为了创设培养科研独立性的空间，DFG 为青年科研人员融入相关项目与科研团队提供了广阔的平台。青年科研人员通过个体项目、研究小组、重点项目、特殊研究领域以及卓越集群积极参与科研实践。2020 年 DFG 共计通过各类项目资助 27000 名博士生与 12200 名博士后，资助额高达 9900，0000 欧元，即德国高校中近 1/5 的科研岗位受到 DFG 资助。

战略化资助平台：DFG 通过战略化资助平台资助科研人员早期职业发展的科研创意。其中两大核心平台为科研后备力量研究院（Nachwuchsakademien）与临床医学科学家项目（Clinician Scientist-Programm）。科研后备力量研究院主要针对青年科研人员跨学科研究。借助该项目青年科研人员可以在职业初期与相关领域的杰出专家建立联系，从而在激发科研视角、促进跨学科思辨、申请项目资助层面获得帮助。目前，德国已建立多个科研后备力量研究院，研究方向涉及医学技术、供电研究、教育研究等。就医学研究领域而言，2020 年，德国建立了第九所医学科研后备力量研究院（定量磁共振断层摄影术作为生命科学核心技术），旨在通过自然科学与生命科学领域的强强合作来促进磁共振影像学与磁共振光谱学跨学科技术发展。此外，为了应对德国医务人员短缺的局面，近年来 DFG 高度关注医学高校临床与科研有机结合的优化路径。2018 年 DFG 制定了医学院研究与专科医生进修一体化纲领，即临床医学科学家项目。该项目的实施为专科医生争取了更加充裕的科研实践时间。2020 年，德国在 13 所医学院开展了临床医学科学家项目，近 300 名科研人员受到该项目资助。

青年科学家晋升计划（Tenure-Track-Programm）：主要面向处于职

业早期的青年科研后备力量，以此提高其学术职业道路的规划性与透明度，进而在联邦范围内推行终身教授制。通过额外资助终身教授职位，在大学中形成传统教授晋升路径外的职业发展道路，改善德国青年科学家的职业机遇。经过 2017 年与 2019 年两轮高规格评选，已在德国 75 所高校投入了 1，000 个终身教授职位。

DFG 科研后备奖：DFG 与德国联邦教育科研部（Bundesministerium für Bildung und Forschung，BMBF）每年授予有突出成就的青年科研人员海因茨-迈尔-莱布尼茨奖（Heinz-Maier-Leibnitz-Preis）。2020 年，全德有 10 人获此殊荣。此外，还设有针对各学科领域的青年奖项，如针对地球科学的阿尔贝尔特-毛赫奖（Albert-Maucher-Preis），针对杰出青年数学成果的卡文荣誉奖（Kaven-Ehrenpreis）等。

多元化的资助形式以及相互间的无缝衔接不仅提高了青年科研后备力量的职业道路的稳定性与规划性，同时提升德国科研体系的国际吸引力。

二、结构化的培养模式

研究生院模式（Graduiertenkolleg，GRK；Internationale Graduiertenkolleg，IGK）是德国研究生培养模式结构化改革的产物。该模式旨在促进科研后备力量的培养，改善其培养质量的框架条件，为所有学科以及跨学科结构化博士培养建立统一标准化的模式，是德国促进科研后备力量培养的重要平台。研究生院的核心理念是结构化模式（Strukturierte Promotionsprogramme），其主要涵盖以下四个层面：培养理念结构化、培养平台结构化、培养管理结构化、培养课程结构化。其中结构化的培养平台与管理强调：多导师制、论文指导的机构化

(论文咨询委员会)、培养主体多元化（注重企业、政府、个人团体、研究所的联合培养)、师生双向选择、项目牵引课题研究、项目的动态监控与评估、实验设备的多元共享、培养资助多元化。

结构化培养模式打破了学科间专业和组织机构之间的界限，其主要特点是跨学科、跨机构、跨区域与跨文化；发挥科研人员的集体力量；通过加强学院之间、伙伴机构之间的纵深合作，为不同专业跨学科交叉特色化发展提供契机。跨学科不仅是传统意义上的学科边界的交叉和渗透，而且更多地体现为方法论的互设与传统学科基于新的分析维度、新技术或者新的研究问题的重组或融合。通过跨学科交流发现问题、辨明研究界限、推动博士论文进展。研究生院高度重视跨学科的质量与知识的产出，从论文的学科融合程度来评价科研后备力量培养的跨学科性。跨学科教研结合、产学结合成为德国博士生结构化培养的特色。研究生院模式不仅提高了科研后备力量的培养质量，同时亦为学科间知识与方法的交流与发展提供了平台，该模式有助于德国高校逐步走向具有国际竞争力的科研型精英大学的特色化发展之路。

目前，德国尚在运行的由 DFG 资助的研究生院有 245 所。41%为 IGK 项目模式。GRK 与 IGK 模式下的博士生高度评价结构化的培养理念和培养质量。两大模式各自内部成员之间的身份认同以及课题内部的相关性使他们的科研项目可以相互支持与相互促进。GRK 与 IGK 模式从国际视野、科学威望以及合作网络的建构与强化方面均拥有极大的优势。2016 年德国科研咨询委员会对研究生院模式的评估显示：博士生的视角、参与该课题的国内外科学家的视角以及承担该项目高校的视角都获得了国际化的效应。此外，研究生院也是德国与国外高校开展博士生联合培养的重要平台，是 DFG 赢得国际优质科研人才的重要渠道。2019 年，IGK 内国外博士生比例达 20%~21%，其中非欧盟生为 7%~8%。博士后国外联合培养比例达 27%，其中 13%为非欧洲国家。2019 年数据显示：德国是继美国之后全球第四大国际博士生培养之国，且 28%的博士生具有国外访学经历，主要学术访问国有美国、英国、法国等。

近年来德国高校加强与校外科研机构以及企业的合作力度。2020 年，德国高校与校外科研机构联合培养的博士生达 3%，与应用技术大学和企业三方联合培养博士生比例为 1%。联合指导（导师多元化）的博士毕业生高达 11%。当前，为培养复合应用型人才，研究生院不断创新合作模式，建立跨企业与跨机构的研究平台，促进学科整合和推动前沿科学发展，加速人文学科课程与理工科学科课程相融合，发展跨学科学术组织，深化国际科研合作网络。

三、国际化衔接路径

研究课题的国际化、研究合作的国际化、研究成果发表的国际化以及科研人员构成的国际化是国际化的重要指标。DFG 将促进科研工作的国际化，加强和深化科研人员、科研机构以及资助机构之间的国际合作，发掘新的合作潜力作为其战略发展规划。在分析科学政策框架条件和深化国外伙伴机构合作的基础上，DFG 形成了国际科研资助的基础设施、伦理和法律标准。其中针对青年科研后备力量的国际化衔接工作涉及以下五个层面：

创新：创新合作模式，打通青年科研后备力量在高校、研究机构与企业间的行走边界，建立跨学科、跨机构的研究平台——跨学科研究中心（Zentrum für Interdisziplinäre Forschung），依托多样化的组织形式——科研组（Forschungsgruppe）、合作组（Kooperationsgruppe）、工作组（Arbeitsgruppe），促进跨学科研究和科研国际化。

资助：DFG资助德国国际合作项目。持续关注项目的国际渗透性与国际衔接度；支持与资助国内外青年科研后备力量与不同科研机构之间的合作研究项目。主要的资助模式有国际工作坊、国外访学、邀请访问学者等。此外，DFG还通过支持建立国际合作、组织国际科研活动、资助建设国际科研网络来强化国际合作。在强化原有国际合作的基础上，2020年，DFG在化学、生命科学、医学等多个领域资助建设了19个国际合作项目。

吸引：为了吸引国际人才，保持德国尖端科研的持续性与稳定性，DFG与德意志学术交流中心（Deutscher Akademischer Austauschdienst）和弗劳恩霍夫应用研究促进会（Frauenhofer-Gesellschaft）合作，积极参与德国联邦教育部开展的“国家研究市场营销”项目。通过积极的科研市场化宣传策略，不断激发国际科研后备力量的研究兴趣。采取财政资助与市场化机制结合的方式吸引顶尖人才。建立统一的科研资助平台，整合项目信息和资助信息，打破相关管理部门间的屏障，实现信息共享。①

建构：为了强化欧洲内部青年科研后备力量的区域衔接，DFG积极参与建构欧洲一体化科研空间与交流关系。改善欧洲科研框架条件，协调欧盟成员内部以及相关国家的科研标准。实现欧洲一体化科研空间建设的主要途径是与国家科研机构以及欧盟科研框架项目的多极化

① Bericht der Bundesregierung zur internationalen Kooperation in Bildung, Wissenschaft und Forschung 2017—2018 [EB/OL]. Bundesministerium für Bildung und Forschung, 2018-02-15.

合作与多元化资助并行。① 为此，DFG 与大量科研政策机构（全球研究评议会，Global Research Council，GRC）和科研学术机构（国际科学评议会，International Science Council，ISC）深度合作。

拓展：积极挖掘合作潜力，及时应对各国科研政策的变化与发展。DFG 深入观察、深度分析并维护发展与世界各国各地的科研战略关系。通过调研区域基础信息、挖掘合作潜力、设立 DFG 国外联络处等途径不断拓展全球合作伙伴与合作项目。强化合作伙伴建设战略，为青年研究者提供国际水平的研究合作机会，努力提高其联合出版的数量与影响力；通过与顶级科研机构合作实现战略发展的均衡；提升全球竞争力，不断促进青年科研后备力量研究项目的成功申请。

四、人性化的资助管理措施

DFG 的资助是兼顾科研人员家庭与职业均衡发展的人性化的培养与发展之路。主要表现为：家庭友好型的岗位管理、项目评估的人性化管理、积极深入的健康管理、全方位的职业技能提升管理、资源设备一体化的服务管理。

创设家庭友好型的科研工作岗位，以保证青年科研后备力量学术科研道路的持续性与稳定性；协调因家庭原因（产假、育儿假）产生的工作中断或非全职工作；延长学业时间，出于家庭原因缩短海外访学时间；学习与工作时间弹性管理，如弹性工作时间、个性化非全日制工作模式。通过数字化与网络化，尽可能降低科研工作的时空依

① Leitlinien für das neue EU-Rahmenprogramm für Forschung und Innovation. Positionspapier der Bundesregierung [EB/OL]. Bundesministerium für Bildung und Forschung, 2017-04-08.

赖性。

为了推动科研评估与决策过程中的人性化管理，DFG 制定了一系列的相关措施：①开发项目，支持多样化与定制化的研究网络与研究项目的开展，为项目提供灵活多样的资助形式；②科研资助不仅关注申请者的科研发展业绩，还要充分考虑科研项目申请者身体健康状况，制定个性化的项目管理与评估措施，宽松处理学术出版物的不足；③评估项目不考虑申请者的移民背景、宗教信仰与国籍，性别、健康状况、年龄、社会出身、世界观都不能成为科研歧视的因素。

企业化的健康管理是 DFG 创设人性化科研环境的重要支柱。健康管理包括职业健康保护（如疾病预防）、健康的工作氛围（如高效领导与合作交流，重视家庭与个人需求）以及符合人体工程学的定制化的工作环境与设施等。

DFG 针对青年科研后备力量的职业技能提升管理将学术科研培养、个人修养培养与社会能力培养并重。不仅涉及专业的科研技能，如个人或与资深学者共同授课的教学实践、学术思辨、学术论文撰写、科研目标管理、科研活动组织等，同时还囊括了大量的可迁移技能以及通用技能等职业辅助能力提升的线上与线下“软技能”培训，如时间管理、冲突调节、项目展示、语言技能、辩论技能、未来职业发展规划等。此外 DFG 常年定期与不定期开设大量针对青年科研后备力量的职业技能顾问工作坊与研讨工作坊。

科研项目的有效推进在很大程度上依赖于科研设施与服务的完善性。多年来，DFG 积极整合相关学科设备、数据与服务，不断强化研究基础设施建设，优化研究社区；不断提高科研建设、项目申请以及研究资助的竞争力。DFG 下设资源共享中心，负责整合与推动科研基础设施与科研服务最大化合理利用，其服务包括大型设备使用、数据管理、出版与 IT 服务等。

五、多样化的性别平等政策

长期以来，女性科研后备力量一直是科研体系中的弱势群体，究其原因主要在于传统科研体系与制度的束缚，使女性拥有的科研网络资源较少，科研团队建设单薄，科研职业指导欠缺。此外，在科研资助体系中长期存在性别差异。卓越的科研需要多样性与原创性。DFG 致力于科研系统的性别平等建设，关注科研团队合理的性别比例，力图克服因性别与年龄而产生的歧视性资助。DFG 的平等政策可以理解为以下四个层面：其一，以科研为导向的平等标准，基于多样性视角、经验与能力构建的科研团队。这是 DFG 高校人事与结构措施平等化发展中的重要依据，由此极大地推动了德国科研体系结构与行动模式的系统化发展。其二，高质量的平等理念，避免隐性性别歧视。其三，充分发挥科研人员的才能与创新潜力，推动科研进程，保证科研质量。其四，保证各级管理委员会女性的比例。①

早在 2002 年，DFG 成员大会就已将科研体系男女平等作为项目目标纳入了章程，并通过各种尝试努力实现并不断完善该目标。2008 年起，DFG 开始实施以科研为导向的平等标准化方案，即在 DFG 所有组织机构中采取相应的性别平等的人事与机构措施，以此来实现机会平等与男女平等，进而促使女性科研从业人员比例稳步提升。平等标准化方案中对资助项目的机会均等以及家庭与职业关系层面进行考量，

---

① Deutsche Forschungsgemeinschaft. Neue Maßnahmen der DFG zur Förderung der Chancengleichheit in der Wissenschaft [EB/OL]. DFG, 2020-08-15.

极大地推动了科研体系中平等的性别关系以及家庭与科研事业的和谐统一。为了保证平等标准化方案的精准实施，2009年DFG又进一步制定了以科研为导向的平等标准化工具箱，并建立了相应的数字化系统，其中涵盖了300多项具体的科研平等化创新性措施，且该数字化系统一直保持更新。这些措施包括：①评估女性科研项目申请者的学术科研成果水平时，充分考虑其生活状况与家庭状况；②创设平衡女性科研工作者职业与家庭的资助体系；③为出于家庭原因项目非全职工作者提供额外补助；④为有孩子的女性科研工作者提供弹性工作制；⑤加大女性科研人员在学术决策委员会以及基层学术委员会的所占份额。2016年DFG还引入了专业化的女性科研人员参与评定机制，以期实现同行评议中性别平等。2020年，该系统升级为实现科研性别平等与公正的标准化与质量保证措施（StaRQ：Standards，Richtlinien und Qualitätssicherung für Maßnahmen zur Verwirklichung der Geschlechtergerechtigkeit in der Wissenschaft），并通过莱布尼茨社会学研究所（GESIS）与女性科研能力中心（CEWS）进一步在内容和技术了完善该措施。

DFG的平等政策的目标是保证科研人员平等参与各个科研领域研究，同时确保科研资助机会均等。以科研为导向的平等标准化成为DFG科研团队申请获批的重要影响因素。近些年，德国女性科研人员、女性科研领导层、女性科研评议者以及女性科研项目与科研奖项的申报稳步上升。德国联邦统计局的2019年数据显示：德国高校科研教学人员达到255542人，女性约占39.7%；教授48111人，女性约占24.7%。在医学专业领域，女性科研从业人员高达51.3%，女性教授比例达24.2%。人文社科领域，女性教授约为36.5%。工程学领域女性科研从业人员约占总体的1/4（热能技术25.1%，材料科学23.8%）到

1/3（建筑学 32.7%）。从 2018 年到 2020 年，女性科研评议者的份额从 18.2%上升到 19.9%。2019 年 DFG 的 13838 个个体科研资助中，3578 名是女性申请者，其中 26.4%为跨学科研究领域，38.0%为人文科学研究，31.3%为生命科学研究，17.5%为自然科学研究，14.1%为工程学研究。同年获批的 62 名 Emmy Noether 项目人员，28 名是女性科研人员申请者；Heisenberg 项目的女性比例为 27.7%；Heiz Maier-Leibnitz-Preis 的女性比例为 30.0%。2020 年，女性申请科研项目资助比例达到 24.5%。DFG 批准的所有项目中，45 岁以下中青年女性比例达到 31.5%。卓越战略计划，女性科研人员比例达到 27.0%，卓越集群中女性领导层比例约占 18.7%。当前 DFG 性别平等建设工作的重点是减轻女性科研人员的行政工作，进一步扩大女性科研人员的基数，从领导层建立相应的结构化框架条件以强化女性在科研决策委员会中的话语权。

六、小结

近年来，DFG 通过一系列战略措施的实施促使德国科研领域不断改善科研条件、优化科研人员的学术生态、完善科研人员的职业发展规划、深化以科研为导向的教学以及不断扩展的跨学科、跨机构的合作形式，从而为德国青年科研后备力量的学术成长、职业衔接、科研能力提升铺设了广阔的平台；其人性化与性别平等化的科研资助管理理念与路径进一步提高了青年科研人员职业的稳定性、持续性与创新性，极大地推动了德国高校的科研效率与成果、提升了德国科研机构的战略发展力与国际影响力，强化了科研体系中的功能区分度。

DFG 青年科研后备力量人才战略大致可以概括为以下几点：强化

科研机构与企事业单位的沟通与协作机制，不断促进人才培养，不断完善科研人员职业发展的一体化措施；资源共享，不断优化地区科研基础设施与科研服务的共享模式；促进科研生态和谐均衡建设；区域性联合培养与国际联合培养相结合，促进以科研为导向的教学与学习；通过科研人才战略促进国内高校、校际、校企以及国际合作，实现优质教育科研产业资源的聚集以及跨学科科研前沿领域的协同研究，推动区域教育、科研、经济一体化发展。当前，我国处于“十四五”建设的开局阶段，国内科研体系高度关注青年科研后备力量的职业成长与发展。培养高素质的科研人才，充分激发科研人才创新活力是我国科研人才政策的重点。基于此，DFG 人才建设相关经验可为本土实践的整体化推进提供一定借鉴。

第七章

结　语

高校联盟的建设是德国跨高校、跨机构、跨学科组合式教学科研的尝试，随着相关制度的不断完善和实践经验的积累，近年来该联盟在推动教科研协同化发展、基础设施服务共享以及区域一体化产学研融合等方面取得了卓越的成果。联盟为德国作为世界科研强国赢得了大量卓越的科研人才，联盟高校的国际化程度与竞争力得到持续提升。高校联盟建设已成为德国区域高等教育改革与发展的核心战略。德国区域高校联盟合作在解决重大科学问题、创设创新性支持结构、吸引杰出科研人员等方面发挥的能力远远大于单个成员。多校共建的一体化教学科研平台拥有更加海量的知识储备和更加差异化的学科背景，区域内合作模式的共建克服了空间距离带来的交流障碍。通过分享目标、统一战略规划、合作化管理模式，成员优势互补，跨越高校院系与学科界限，高校、校外科研机构、博物馆、政治机构以及相关企业构成了合作化建设发展统一体，形成了融合一体化的区域科研空间，实现了区域内教科研协同一体化发展，并逐步形成区域化科研特色，对地区乃至全德的人才培养、科研创新、资源与基础设施共享、科研成果转化与数字化等方面发挥了巨大的作用。

一、利用区域关联发展自身特色，提升区域科研机构的效能

鼓励高等教育机构和科研机构进行重组与联盟，促进产学研深度合作。实现不同机构间教学和科研资源的共享，促进学科交叉和跨学科研究与创新。科研合作伙伴选择的主要关注点是研究内容的相关性与互补性。合作的结构应支持和促进现有的科研合作。区域的地理、经济与社会结构应被纳入建构科研合作关系的主要考虑范畴，并以此对合作内容进行战略定位。高校应该将区域内可行性合作伙伴建构作为其发展潜力分析的重要参数指标。这并不意味着高校要将其工作重心放在区域合作层面，而是要清晰地了解与分析区域发展的潜力与优势，充分利用区域内部分工与合作的机遇，依据自身定位以及发展特色聚焦于区域研究主题相关联盟的建构。积极开拓区域战略长期合作关系，促进资源分配、基础设施共享、改善科研人员的职业发展机遇。

二、依托区域特色建设高校课程体系，提高人才培养的区域适应性

通过建立和发展面向区域经济的高校联盟有效实现区域内各高校资源互补，为人才培养提供更多机会和更丰富的学习资源；同时成员高校致力于共同提升联盟声誉和国际影响力，赢得更多资源和机会，从而也有助于区域经济的良性发展。鉴于职业准备是高校培养的核心任务，因此课程设置和实施过程中必须考虑区域因素。区域经济发展重点和就业可能性应被纳入教学内容体系中。充分分析与挖掘区域经济文化社会特色与历史发展脉络，逐步建构服务于区域特色化发展的高校课程体系，依托联合培养、跨校选课、项目牵引式教学模式，力求强化学术培养与职业培养之间的相互渗透性。特别是在教学与职业

进修层面，高校积极在合作框架下形成的结构应为科研人员职业发展提供多样化的晋升渠道。

三、正视区域合作建设磨合期，推动合作关系稳步发展

一方面，区域合作常常会超越区域的界限，跨区域的高校联盟需要面对差异化的制度要求以及地域文化特质；另一方面，不同类型的高校和机构内部合作与竞争关系并存。相关政府部门和合作机构应相互协调，保持政策指导的一致性，这不仅涉及共同预判合作潜力，同时也关系是否能够克服合作障碍。就科研机构与非科研机构间的合作而言，区域性政策往往具有重要的意义。因此，合作伙伴间针对有助于理解当地政策进行对话必不可少。此外，一些科研机构尚未充分认识到区域作为机遇空间和责任空间的双重属性，对合作持观望态度；且非科研机构对科学认知过程的特殊性并不熟悉，这就需要科研相关人员和机构具备高水平的交际沟通能力，从非科研机构的视角深入阐释科研工作社会关联的本土化过程。有效合作结构的建立是一个长期的过程，在初期阶段需要大量的人力与物力的支持。鉴于区域层面合作联盟建设的多样性与复杂性，应充分系统考虑不同合作形式的特殊性。在加强相关参与人员的直接交流的基础上，高校与科研机构应正视科研合作磨合期的各种问题，不断完善合作的框架条件。

参考文献

外文文献：

专著类

[1] BALSIGER P W. Transdisziplinarität: Systematisch – vergleichende Untersuchung Disziplinü-bergreifender Wissenschaftspraxis [M]. Fink: München, 2005.

[2] COHNITZ D. Nelson Goodman [M]. New Mexico: Acumen Publishing, 2006.

[3] ULRIKE F, HELGA N, KLAUS T. Wissenschaftsforschung. Eine Einführung[M].Frankfurt/Main/New York: Campus Verlag, 1995.

[4] Fränzle O, DASCHKEIT A. Die Generierunginterdisziplinären Wissens in der deutschen Umweltforschung– Anspruch und Wirklchkeit[M]. Kiel: Geographisoles Institut, 1997.

[5] HILLENBACH A K, HACKE M, SCHLEGEL M, et al. Empfehlungen für den Übergang von der Master – in der Promotionsphase [M]. Jena:

UniWiND-Publikationen,2014.

[6]BUSCHE ,HEINZE T,HILLEBRANDT F.Kultur-Interdisziplinäre Zugänge[M].Berlin:Springer Verlag,2018.

[7] Jutta Hartmann. Von der Vielfalt aus denken und Offenheit ermöglichen: Perspektiven einer Pädagogik vielfältiger Lebensweisen [M]. Wiesbaden:VS Verlag für Sozialwissenschaften,1999.

[8]KROTT M.Management vernetzter Umweltforschung: Wissenschafts-politisches Lehrstück[M].Wien:Böhlau,1994.

[9] LAUDEL G. Interdisziplinäre Forschungskooperation: Erfolgsbedingungen der Institution "Sonderforschungsbereich"[M].Berlin:Edition Sigma, 1999.

[10]NOWOTNY H,SCOTT P,GIBBONS M.Wissenschaft neu denken: Wissen und Öffentlichkeit in einem Zeitalter der Ungewißheit [M]. Weilerswist:Velbrück Wissenschart,2004.

期刊类

[1]BOSCHMA R.Proximity and Innovation:A Critical Assessment[J]. Regional Studie,2005,39(1).

[2] KNORR - CETINA K, AMANN K. Image Dissection in Natural Scientific Inquiry[J].Science,Technology & Human Values,1990,15(3).

[3]MARTINA R,DAGMAR S,MARTIN L,et al.Inter-Disziplinieren. Erfolgsbedingungen von Forschungskooperationen[J].KZfSS Kölner Zeitschrift für Soziologie und Sozialpsychologie,2005:57(04).

[4] CHRISTIAN D, HADORN H, GETRUDE. Gestaltung transdisziplinärer Forschung[J]. Sozialwissenschaften und Berufspraxis, 2008, 31(01).

电子类

[1] Berlin University Alliance. Wissenschaftsregion Berlin [EB/OL]. Berlin Vniversity Alliance, 2018-02-15.

[2] BRAND K W. Nachhaltige Entwicklung und Transdiszi plinarität: Besonderheiten, Probleme und Erfordernisse der Nachhaltigkeitsforschung [M]. Berlir: Analytica V. -G. , 2020.

[3] Bericht der Bundesregierung zur nachhaltige Entwicklung - 19. Legislaturperiode [EB/OL]. Bundesministerium für Bildung und Forschung, 2021-02-15.

[4] Bundesministerium für Bildung und Forschung. Zukunftsstrategie Forschung und Innovation [EB/OL]. (2023-01-06) [2023-04-03]. https://www.bmbf.de/SharedDocs/Downloads/de/2023/230208-zukunftsstrategie.pdf? __blob=publicationFile&v=2.

[5] Forschungs- und Innovationspolitik der Länder BundesberichtForschungs und Innovation 2020 [M]. Bundesministerium für Bildung und Forschung, 2020-05-10.

[6] Bundesministerium für Bildung und Forschung. Federal Report on Research and Innovation 2022 [EB/OL]. (2022-06-22) [2022-08-11]. https://www.bmbf.de/SharedDocs/Publikationen/de/bmbf/FS/31726_BUFI_2022_Kurzfassung_en.pdf? __blob=publicationFile&v=3.

[7] Bundesministerium für Bildung und Forschung. Leitlinien für das neue EU-Rahmenprogramm für Forschung und Innovation. Positionspapier der Bundesregierung [EB/OL]. (2017-04-08) [2022-03-15]. https://www.bmbf.de/files/Bundesregierung_FP9_Leitlinienpapier_September_2017.pdf.

[8] Bundesministrium für Bildung und Forschung. Kompetenzzentren für digitales und digital gestütztes Unterricht[EB/OL].BMBF,2022-09-11.

[9] Bundesministrium für Bildung und Forschung. Urheberrecht in der Wissenschaft-Ein Überblick für Forschung, Lehre und Bibliothek[EB/OL]. 2023-06-03.

[10] Bundesministerium für Bildung und Forschung. Bericht der Bundesregierung zur internationalen Kooperation in Bildung, Wissenschaft und Forschung 2017-2018 [EB/OL]. (2018-02-15) [2022-03-15]. https://www.bmbf.de/upload_filestore/pub/Bundesbericht_Internationale_Kooperation_2017_2018.pdf

[11] Deutsche Forschungsgemeinschaft. Neue Maßnahmen der DFG zur Förderung der Chancengleichheit in der Wissenschaft [EB/OL]. (2020-08-15) [2021-09-10]. https://www.dfg.de/foerderung/info_wissenschaft/2020/info_wissenschaft_20_82/index.html.

[12] Deutsche Forschungsgemeinschaft. Leitlinien zur Sicherung guter wissenschaftlicher Praxis [EB/OL]. Deustche Forschun - gsgemeinschaf (DFG),2020-03-15.

[13] Deutsche Forschungsgemeinschaft. Ergebnis der Sitzung des Bewilligungsausschusses am 15. Juni2019 [EB/OL]. (2019-03-10) [2021-01-

19].www.bmbf.de/files/Ergebnis_der_Sitzung_des_Bewilligungsauss chusses _vom_15._Juni_2012.pdf.2019.22.

[14]Bericht der Gemeinsamen Kommission zur Exzellenzinitiative an die Gemeinsame Wissenschaftskonferenz[EB/OL].Deutsche Forschungsgemei nschaft,2015-08-01.

[15]Gemeinsame Wissensch afts-konferenz. Pakt für Forschung und Innovation Monitoring-Bericht 2020[M].Bonn:Gemeinsame Wissenschafts konferenz,2020.

[16]Deutsche Forschungsgemeinschaft.Publikationsstrategien im Wandel? Ergebnisse einer Umfragezum Publikations- und Rezeptionsverhalten unter besonderer Berücksichtigung Von Opeu Access[M].Weinheim:Wiley,2005.

[17]Deutsche Forschungsgemeinschaft. Alle Förderprogramme auf einen Blick.Informationen und Vordruck zu den DFG- Förderprogramm[EB/OL]. Deutsche Forschungsgemeinschaft,2024-05-16.

[18]Deutsche Forschungsgemeinschaft, German Council of science and Humanities, Federal. Ministry of Education and Research, et al. Excellence Initiative at a Glance[M].Bonn:Druckerei und Verlag,2013.

[19] Die, Forschungsorientierten Gleichstellungsstandards" der DFG: Zusammenfassung und Empfehlung 2020[EB/OL].Deutsche Forschungsge meinschaft,2020-04-20.

[20]Internationale Graduiertenkollegs[EB/OL].Deusche Forschungs gemeinschaft,2020-11-03.

[21]Deutsche Forschungsgemeinschaft.Förderlinie Exzellenzuniversitäten:

Gesamtliste der geförderten Universitäten und des Universitätsverbunds[EB/OL].2019:(2019-04-16)[2022-06-02].https://www.wissenschaftsrat.de/download/2019/ExStra_Entscheidung.pdf? __blob=publicationFile &v=1.

[22]Deutsche Forschungsgemeinschaft.Die Exzellenzinitiative:Beobachtungen aus der Implementierungsphase[EB/OL].(2016-05-23)[2022-09-08]. https://www.dfg.de/resource/blob/169276/463086b 0bdc4bf6295ce131d4920500b/studie-evaluation-exin-data.pdf.

[23] Die Landesregierung Nordrhein - Westfalen. Digitalisierung der Hochschulen:Land stellt weiter 24 Millionen Euro für hochschulübergreifende Projekte bereit[EB/OL].Land NRW,2022-05-17.

[24]Digitale Hochschule NRW.Wir sind die Digitale Hochschule NRW[EB/OL].NRW,2021-09-22.

[25]Digitale Hochschule NRW.Open Access und Open Science[EB/OL].NRW,2022-03-06.

[26]SDEIRO A,PADfIEIdC CARCIA AC,et al.Green Paper-Fostering and Measuring, Thirs Mission in Higher Education Institutions[EB/OL].(2012-05-16)[2022-08-22].http://www.e3mproject.edu/docs/Green%20paper-p.pdf.

[27] Freie Universität Berlin. Auf einen Blick: Ein kurzes Porträt der Freien Universität Berlin[EB/OL].(2019-03-17)[2019-06-12].http://www.fu-berlin.de/presse/publikationen/_media/kurzporträt.pdf.

[28] Hochschule für Angewandte Wissenschaft Hamburg[EB/OL].

HAW,2019-06-15.

[29]HOOU.Die Hamburg Open Online University stellt sich vor[EB/OL].hoou. de,2021-05-16.

[30]HOOU.Was ist die HOOU? [EB/OL].(2020-12-10)[2023-02-05].hoou. de,2020-12-10.

[31]Humbolt-Universität zu Berlin[EB/OL].(2018-05-10)[2020-12-03].Humbolt-Universität zu Berlin,2018-05-10.

[32] MAYBERGER K, ZAWACKI-RICHTER O, MÜSKENS W. Qualitätsentwicklung von OER: Vorschlag zur Erstellung eines Qualitätssicherungsinstruments für OER am Beispiel der Hamburg Open Online University[EB/OL].Hambrug:Universität Hamburg,2008.

[33] Klaus Wohlrabe, Lutz Bornmann, Felix de Moya Anegon. Wie effizient sind Universitäten in Deutschland, deren Zukunftskonzepte im Rahmen der Exzellenzinitiative ausgezeichnet wurden? Ein empirischer Vergleich von Input- und Output-Daten zur Forschung[EB/OL].(2020-07-05)[2022-05-16].https://mpra.ub.uni-muenchen.de/76218/1/MPRA_paper_76218.pdf.

[34]LAREDO P.Toward a third mission for Universities[EB/OL].(2007-05-23)[2021-02-25].UNESCO,2007-05-23.

[35]Mittelstraß Jürgen.Transdisziplinarität[EB/OL].(2007-11-05)[2022-03-26].https://www.leibniz-institut.de/archiv/mittelstrass_05_11_07.pdf.

[36]Ministerium für Kultur und Wissenschaft des Landes Nordrhein-

Westfalen. Vereinbarung zur Digitalisierung zwischen den Universitäten und Hochschulen für angewandte Wissenschaften in Trägerschaft des Landes Nordrhein – Westfalen, den staatlichen Kunst – und Musikhochschulen in Nordrhein–Westfalen und dem Ministerium für Kultur und Wissenschaft des Landes Nordrhein – Westfalen (MKW) im Einvernehmen mit der Digitalen Hochschule NRW(DH. NRW) [EB/OL]. (2021 – 12 – 27) [2023 – 06 – 10]. https://www.mkw.nrw/system/files/media/document/file/vzd_2025_final_inkl._anlage_0.pdf.

[37] Nationale Plattform für nachhaltige Entwicklung. Bildung für nachhaltige Entwicklung–Ein Kompass im digitalen Wandel unserer Gesellschaft [EB/OL].Stifung Bildung, 2021–10–27.

[38] Public & Corporate Economic Consultants, The Centre for Business Research, University of Cambridge. Evaluation of the effectiveness and role of HEFCE/OSI third stream funding – Report to HEFCE by PACEC and the Centre for Business Research [EB/OL]. CBR, 2009–04–15.

[39] Programmausschuss der DH. NRW Geschäftsstelle der DH. NRW. Positionspapier 2022 – Vision, Mission und Thematiken der Digitalen Hochschule NRW [EB/OL]. NRW, 2022–04–12.

[40] Programmausschuss der DH. NRW, Geschäftsstelle der DH. NRW. Konzept , NetzwerkInformationssicherheit. nrw–zur Stärkung der Informationssicherheit an den NRW – Hochschulen und zum Aufbau einer Informationssicherheitskultur [EB/OL]. NRW, 2023–03–11.

[41] Programmausschuss der DH. NRW Geschäftsstelle der DH. NRW.

Positionspapier 2022 - Vision, Mission und Thematiken der Digitalen Hochschule NRW[EB/OL].(2022-04-12)[2023-06-09].https://www.mkw.nrw/system/files/media/document/file/dh.nrw_positionspapier_2022.pdF.

[42]ROESSLER I.Haben Hochschulen für angewandte Wissenschaften das Potential,Mode 3 Universitäten zu werden? [EB/OL].CHE Centrum für Hochs-Chulentwicklung,2015-06-22.

[43]RWTH Aachen University.CLAIX Projects 2020 High Performance Computing at RWTH Aachen University [EB/OL]. RWTHAACHEN UNIVERSITY IT Ceuter,2020-12-01.

[44] RUDOLF S. Wissenschaftliche Akademien aus soziologischer Perspektive. Organi-sierbarkeit und Organisationen im Wissenschaftssystem der Moderne [EB/OL].(2014-11-06)[2022-07-09].https://www.academia.edu/8078151/Wissenschaftliche_Akademien_aus_soziologischer_Perspektive_Organisierbarkeit_und_Organisationsformen_im_Wissenschaftssystem_der_Moderne_2014.

[45] Wissenschaftsrat. Jahresbericht 2019 des Wissenschaftsrat [EB/OL].(2019-09-07)[2020-09-11].https://www.wissenschaftsrat.de/download/2020/Jahresbericht_2019.pdf? __blob=publicationFile&v=2.

[46]UMWELTVERäNDERUNGEN W B G.Welt im Wandel:Herausforderung für diedeutsche Wissenschaft[M].Berlin:Springer-Verlag,1996.

[47]Wissenschaftsrat.Empfehlung zu regionalen Kooperationen wissenschaftlicher Einrichtung[M].Berlin:Drucksache,2018.

[48] Wissenschaftsrat. Leitfaden der institutionellen Evalution wissenschaftlicher Einrichtungen[EB/OL].Wicenschaftsrat,2022-01-22.

[49] Bestandaufnahme und Empfehlungen zu Studiengangsbezogenen Kooperationen: Franchise -, Validierungs - und Anrechnungsmodelle [EB/OL].Wissenschaftsrat.2017-01-20.

[50] Empfehlungen zur Weiterentwicklung des Hochschulszstems des Saarlandes[EB/OL].Wissenschaftsrat,2017-02-06.

[51] Wissenschaftsrat. Förderlinie Exzellenzuniversitäten: Gesamtliste der geförderten Universitäten und des Universitätsverbunds (Ergebnisse der Sitzung der Exzellenzkommission für die Exzellenzstrategie). [EB/OL]. (2019-03-16)[2022-01-12] https://www.wissenschaftsrat.de/download/2019/ExStra_Entscheidung.pdf? __blob=publicationFile&v=1.

[52] UNESCO.2012 Paris OER Declaration[EB/OL].(2012-08-23)[2023-04-05].http://www.unesco.org/fileadmin/MULTIMEDIA/HQ/CI/CI/pdf/Events/Paris%20OER%20Declaration_01.pdf.

[53] Zawacki - Richter O, MAYRBERGER K. Qualitäts von OER: Internationale Bestandaufnahme von Instrumenten zur Qualitätssicherung von Open Educational Resources(OER)-Schritte zu einem deutschen Modell am Beispiel der Hamburg Open Online Univeristy. Hamburg: Hamburg Open Online University[EB/OL].(2020-09-20)[2023-03-15].https://www.synergie.uni-hamburg.de/media/sonderbaende/qualitaet-von-oer-2020.pdf.

报告类

[1] BALSIGER P W. Begriffsbestimmungen "Ökologie" und "Interdisziplinarität". Bericht zuhanden der Kommission Ökologie/Umweltwissenschaften der Schweizerischen Hochschulkonferenz(SHK)[R].Bern Typoskript,1991.

[2] BENNEWORTH P,CHARLES D,CONWAY C,et al.Characterising Modes of University Engagement with Wider Society [M]. Newcastle: Newcastle University,2009.

[3] Bundesministrium für Bildung und Forschung.Bundesbericht Wissenschaftlicher Nachwuchs 2013: Statistische Daten und Forschungsbefunde zu Promovierenden und Promovierten in Deutschland[R].Bundesministrium für Bildung und Forschung.Berlin,2013.

[4] MICHELS C, CONCHI S, FRIETSCH R. 3. Indikatorbericht - Bibliometrische Indikaroren für den PFI Monitoring Bericht 2014 [R]. Karlsruhe / Berlin / Bielefeld:PFI,2015.

[5] Möller T, ANTONY P, HINZE S, et al. Exzellenz begutachtet. Befragung der Gutachter in der Exzellenzinitiative[J].iFQ-Working Paper, 2012(11).

[6] JOANNEUM D.Studie zur Exzellenzinitiative des Bundes und der Länder(Graduiertenschule und Exzellenzcluster)[R].Berlin / Basel / Graz / Wien: Prognos AG und Joanneum Research Forschungsgesellschaft mbH, 2015.

[7] ROESSLER I, DUONG S, HACHMEISTER CD. Welche Mission

haben Hochschulen? Third Mission als Leistung der Fachhochschulen für die und mit der Gesellschaft [M]. Güstersloh Gemeinnütziges Centrum für Hochschule-ntwicklung,2016.

[8] Statistisches Bundesamt. Promovierende in Deutschland [R]. Wiesbaden Statistisches Bundesamt,2016.

[9] THORN K, SOO M. Latein American Universities and the Third Mission-Trends,Challenges and Policy Option[M].Washington D. C. :World Bank Group,2006.

[10] JAKSZTAT S, PREßLER N, BRIEDIS K. Promotionen im Fokus. Promotions- und Arbeitsbedingungen Promovierender im Vergleich [R]. Hannover:Forum Hochschule,2012.

其他

[1] GEYER A, BERGER F, DUDENBOSTEL T, et al. Internationale Graduiertenkollegs:Studie im Auftrag der Deutschen Forschungsgemeinschaft (DFG)[C].Wien.Österreich:Technopolis Forschungs- und Beratungsgesellschaft m.b.H,2014.

[2]Reinhardt A,Breitkopf J.und Granderath S.(o.J.):Entwicklung der Programmvariante Internationale Graduiertenkollegs: Entscheidungen und Eckdaten 1997-2012. Internes DFG Dokumenter Arbeitsgruppe Evaluation Internationale Graduiertenkollegs[C].Bonn:DFG,2012.

[3] DINÇKAL R, DIPPER C, MARES D. Selbstmobilisierung der Wissenschaft. Technische Hochschulen im, Dritten Reich [C]. Darmstadt:

Wissenschaftliche Buchgesellschaft,2009.

[4] ROBERTSON R. Glokalisierung: Homogenität und Heterogenität in Raum und Zeit[C].Wien:Böhlau Verlag,1998.

[5] BERTHOLD C, MEYER-GUCKEL V, ROHE W. *Mission Gesellschaft. Engagement und Selbstverständnis der Hochschulen: Ziele Konzepte, internationale Praxis*[M/OL].(2011-02)[2021-08-03].http://www.che-consult.de/downloads/Studie_Mission_Gesellschaft_FINAL.pdf.

[6] PARTHEY H. Kriterien und Indikatoran interdisziplinären Arbeits [C]//BALSIGER W, DEFILA R, Di Giulio A.Ökologie und interdisziplinarität-eine Beziehung mit Zukunft[C].Basel AG:Springe,1996.

[7] Krüger L.Einheit der Welt-Vielheit der Wissenschaft[C]//Jürgen K, Interdisziplinarität.Praxis-Herausforderung-Ideologie.Frankfurt am Main: Springe,1987.

[8] LAUDEL G, GLÄSER J. Konzepte und empirische Befunde zur Interdisziplinarität: Über eine Möglichkeiten für die Wissenschaftssoziologie, an Arbeiten vonHeinrich Parthey anzuschließen, In: Umstätter, Walter, Wessel, Karl-Friedrich(Hrsg): und Resultat[M].Bielefeld: Kleine-Verlag, 1999.

[9] SCHUBERT T, KROLL H. Bringing the region back in? [M/OL]. German Higer Education Institutions(HEIs) between regional engagement and isolated business.(2011-09-07)[2022-09-11].http://www.ecprnet.eu/MyECPR/proposals/reykjavik/uploads/papers/4044.pdf.4.

中文文献:

期刊类

[1]陈艾华,吴伟.大学跨学科科研合作与科研生产力的关系研究综述与展望[J].重庆高教研究,2023,11(5).

[2]陈艾华,吴伟.跨学科合作、政府支持与科研生产力:基于高校人工智能学术组织的实证分析[J].教育发展研究,2024,44(7).

[3]陈正.德国博士生创新能力培养模式探析[J].高等教育管理,2012,6(1).

[4]杜惠洁,舒尔茨.德国跨学科教学理念与教学设计分析[J].全球教育展望,2005,34(8).

[5]傅茜,聂风华. 多位一体的创新集群发展模式:德国亚琛工业大学产学研合作模式的研究与启示[J].中国高校科技,2019(3).

[6]吴文启.德国"大科学"研究模式与博士生培养的科研学术环境[J].学位与研究生教育,2009(6).

[7]盛正发,雷鸣强.区域联盟:智能时代新建本科院校战略突围的必然选择[J].江苏高教,2020(4).

[8]郑海霞,姚嘉玉.一流大学引导的区域协同创新网络:德国慕尼黑地区的经验与特色[J].外国教育研究,2021,48(4).

[9]郑丽娜.德国理工大学联盟战略管理的实践及启示[J].现代教育管理,2021(1).

[10]曾粤亮,司莉.跨学科科研合作:背景、理论研究与实践进展[J].图书情报工作,2021,65(10).

[11]张炜.德国柏林工业大学的跨学科学术组织[J].比较教育研究,2003(9).

其他

[1]秦琳.德国博士教育的结构化改革研究:知识生产转型的视角[D].北京:北京大学,2012.

后　记

本书是笔者近年来基于相关课题(山西省高校哲学社会科学项目《德国研究生跨学科结构化培养范式研究》,山西省教育科学规划课题《德国高校区域在线教学联盟建设管理模式研究》,外语教学与研究出版社教研课题《德国区域高校在线教学联盟评价模式研究》,山西省高等学校本科教学改革创新项目《创新创业教育与大学德语教学的多维融合:路径构建与实践研究》)的研究成果汇编。文中部分篇章基于个人已发表的论文,详见下表:

后记附表:与本研究相关的已发表论文

论文	期刊	发表日期
《多元语境下高校第三使命发展研究——以欧盟高校为例》	《比较教育研究》	2017 年
《德国促进青少年阅读能力培养的实践研究》	《出版发行研究》	2017 年
《基于 FIFTH 项目的德国应用技术大学“第三使命”效能评估研究》	《教育与教学研究》	2017 年
《德国博士生国际联合培养的结构化范式研究》	《教育理论与实践》	2017 年

续表

论文	期刊	发表日期
《德国语言文学类博士生跨学科结构化培养研究——以柏林自由大学弗里德里希·施莱格尔文学研究院为例》	《中州大学学报（社会科学版）》	2019 年
《德国促进青年科研后备力量职业发展战略研究——以德国科学研究会为例》	《世界教育信息》	2021 年
《德国跨学科文化学博士生结构化培养研究——以吉森大学为例》	《内蒙古师范大学学报（社会科学版）》	2022 年
《柏林高校联盟融合性区域科教一体化建设战略研究》	《高等教育研究》	2022 年
《区域合作范式下的德国高校联盟建设研究》	《科技管理研究》	2023 年

上述研究论文围绕德国高等教育近年来的三大趋势(跨学科教研、区域化联盟以及数字化转型)进行了相对深入的论述,进而奠定了本文的研究基础。结合大量数据以及系统化文献整合进而形成了本书的研究框架。本书的创新点在于:1. 国内目前对德国高校联盟的研究极为单薄。现有研究仅为德国高校在线教学联盟个案考察,尚缺乏系统化的整合。因而,本研究有助于弥补现有研究的不足。2. 研究视角的创新。现有对德国高校联盟的个案研究往往立足于某一单一类型,缺乏对其宏观框架的把握。本研究将通过对大量文献资料的梳理和具体描述,深入分析德国高校联盟的类型、形成特点与功能。③对比的研究方法。以多所德国高校联盟的发展与运营研究为基础,通过对比性分析,以不同的评价指标考察和阐释其共性与差异,形成了对其相对客观、全面的认知。

本书的主要不足之处在于:1. 对在线教学联盟内开放教育资源(OER)建设质量标准(教育教学维度与技术维度)以及基于此形成的评

估标准尚未深入分析,这将是进一步研究的主要着力点。2. 研究重点主要集中于高校联盟案例研究层面,未从宏观层面深入讨论德国数字化战略,进而缺乏对该研究的政策导向分析,后期研究须进一步补充与扩展。